创业逻辑

构建永续发展的企业模型

[日] 浜口隆则 著　张叶秋晓 译

中国科学技术出版社

·北京·

KIGYO NO GIJYUTSU © 2013 TAKANORI HAMAGUCHI
Originally published in Japan by KANKI PUBLISHING INC.,
Chinese (in Simplified characters only) translation rights arranged with
KANKI PUBLISHING INC., through, Shanghai To-Asia Culture CommunicationCo., Ltd.

北京市版权局著作权合同登记　图字：01-2023-0619。

图书在版编目（CIP）数据

创业逻辑：构建永续发展的企业模型 /（日）浜口
隆则著；张叶秋晓译 . — 北京：中国科学技术出版社，
2023.6
ISBN 978-7-5236-0187-7

Ⅰ . ①创… Ⅱ . ①浜… ②张… Ⅲ . ①创业—研究
Ⅳ . ① F241.4

中国版本图书馆 CIP 数据核字（2023）第 060817 号

策划编辑	杜凡如　李　卫	
责任编辑	孙　楠	
版式设计	蚂蚁设计	
封面设计	仙境设计	
责任校对	张晓莉	
责任印制	李晓霖	

出　　版	中国科学技术出版社	
发　　行	中国科学技术出版社有限公司发行部	
地　　址	北京市海淀区中关村南大街 16 号	
邮　　编	100081	
发行电话	010-62173865	
传　　真	010-62173081	
网　　址	http://www.cspbooks.com.cn	

开　　本	880mm×1230mm　1/32	
字　　数	160 千字	
印　　张	6.25	
版　　次	2023 年 6 月第 1 版	
印　　次	2023 年 6 月第 1 次印刷	
印　　刷	河北鹏润印刷有限公司	
书　　号	ISBN 978-7-5236-0187-7 / F·1127	
定　　价	69.00 元	

前言

为什么 90% 的创业都会失败

创业的魅力

许多人都认为创业是一件艰难的事，那么请你猜一下每年会有多少人去挑战这样一件艰难的事呢？结果大大地出人意料。每年大概会有十万家公司以法人的形式成立，而那些还没有成立公司的创业者就更多了，每年多达几十万人。为什么会有这么多人去挑战这样一件公认艰难的事情呢？答案很简单，因为创业有魅力。

我作为创业专家，处理过不少创业支援业务，帮助过数千名创业者。这些经验让我明白了一件事——创业虽然有艰难的部分，但比艰难更多的是它的魅力。事实上，我也见证了许多创业者通过创业让自己的人生发生了翻天覆地的变化，开启了幸福之门。

成功创业的社长们有三大自由：

（一）经济自由

拥有优质的商业系统，由此获得稳定的收入。

（二）行动自由

拥有优秀的团队，可以尽情享受自己喜欢的工作。

（三）摆脱了社会压力（主要是人际关系）的自由

得到周围人的认可，处在尊重和被尊重的关系中。

简而言之，就是"不为钱所困，尽情做自己喜欢的事以及被爱"。人要是拥有了这三大自由，很难不会幸福。但是，要同时获得这三大幸福并不容易。因为这世上很多人在各自所处的环境中其实都牺牲了三大自由中的某一项，所以他们觉得痛苦。我也是，我在创业前也处在同样的痛苦中。

能让人有可能同时获得三大自由的手段并不多见，而创业是能改变这一现状的强有效的手段。与此同时，获得自由的过程本身也充满了挑战。对于那些想要挑战自身极限的人来说，这一过程也是十分值得投入精力的完美对象。除此之外，创业还有一个魅力，那就是想要创业成功，前提是必须对社会有贡献。为此，创业能为我们提供一种完美的活法——在为社会做出贡献的同时不断提升自我。所以我不得不说，创业和经营自己的事业可以说是让自己的人生变得更完美的手段之一。

创业真的很艰难吗

创业如此充满魅力，自然会吸引许多的挑战者。但是很遗憾地说，这些前来挑战的创业者大多都会以失败告终。事实上，以 10 年为单位来看，90% 的创业都会失败。换句话说，90% 的创业者在 10 年后都会退出经营舞台，创业成功率只有 10%，所以也才会出现"创业困难"这一说法。

但创业真的有那么难吗？大多数创业者，要么十分优秀，要么就是在之前就职的公司创造了高于其他同事的业绩。即使有些人可能还没有留下什么业绩，也拥有一定的潜力。即使是这样有能力的人去挑战，也会有 90% 的概率面临失败。

其实创业并没有那么难。即使谈不上简单，但它的难度也不会让 90% 的人都失败。让创业变难的其实正是创业者自己。以田径项目的跳高为例，跳的竿本身并没有那么高，但是对于那些尚未掌握跳跃技巧以及缺乏训练的运动员来说，这已经是足以让他们失败的高度了。而对于那些已经熟练掌握了跳跃技巧以及身经百战的运动员来说，他们只要轻轻一跃就能过竿。

90% 的创业者都会犯的错

那么，为什么大多数挑战者都不去学习"跳跃技巧"呢？因为他们都有一个错误的想法，越是那些过去在工作中干得好的人，越容易有这种错误的想法——"工作 = 经营"。在他们的潜意识里，认为"过去工作干得好，将来公司也会运营得好"。优秀的人往往能把工作干好，所以这些人潜意识里就会认为"自己去经营肯定也没问题"，进而不会去学习"跳跃技巧"。由此，他们在创业的洪流面前，往往会直接纵身一跃。

不可否认，优秀的人往往能获得短暂的成功。但是，工作与经营是两个不同的概念。在创业之前，无论在工作中留下了多么惊艳的业绩，都只不过是局部的，也就是整个经营环节里的一部分。而经营是一个整体，局部的优化做得再好也无法实现全局的优化。所以以 10 年为时间单位来看，创业者总会在某一个节点上失败。

只有持续的成功才是真正的成功。要想在 10 年后也继续获得成功，就必须在学习经营的全局上花工夫。

对于遭遇失败的人来说，他们并不知道要想获得成功究竟"需要什么""从明天开始应该做些什么"。事实上无论在什么领域，都存在一个成功的模式，即能收获成功的基本模式。无论是怎样的天才，他们都是在这一模式的基础上进行实践的。如果能知道这一模式，成功率就将能得到飞跃般的提升。然而，大多数创业者并不知道这一模式，所以他们才会失败。

本书的一大目的就是向读者传递经营"需要什么""从明天开始应该做些什么"，我将其总结为成功不可或缺的 12 个要素。

我见证了数千家企业的创立，成功的模式也作为成功的最大公约数显现了出来。我提出的经营的 12 个要素就是由这浩瀚的知识储备与经验凝聚而成的。这些被选用的方法，无论由谁来实践，都有很大可能再现成功。

但是，要想在经营这一不稳定的存在上获得持续的成功，还是得付出许多努力。而这一努力的分量也因人而异，有的人会认为"只做这么些事就够了"，并因此充满干劲；有的人会觉得"要做的事也太多了"。对此，我们始终不能忘记的一个事实是，创业时的我们属于弱者。你本人是优秀的、是强者，但你所构建出来的组织在最开始的时候只是弱者。正因为是弱者，所以我们才要加倍用心去思考、去行动。

为了避免纸上谈兵，我在每个要素板块分别设计了 4 张工作表（设计图），希望能借此让大家把本书的内容实际地运用到经营中去。12 个要素共有 48 张工作表。在使用这 48 张工作表时，大家可以直接写在上面。

最后，我总结了工作表的使用方法。希望大家能通过这一系列的练习加深对经营的理解，构建出自己的商业模型。

消除不安的唯一办法

作为创业专家，我最惊讶的一点，在于许多创业者在挑战创业这一人生重大转折的时候竟然毫无准备。对于这样一件甚至能改变人生的大事，许多人也太过于赤手空拳了，而不做准备和训练的人自然会面临失败。任何领域都是如此。

我的父母都有他们自己的事业。在这种家庭环境中成长的我从小就对经营管理耳濡目染。我赴美学习管理学，进入会计师事务所见证了众多中小企业的情况，后来又进入咨询公司为许多企业出谋划策。有了这些经历，我才觉得我应该准备好了，这才开始创业。

尽管我做了这么多准备，创业初期也还是磕磕绊绊的。"怎么做才会顺利？""从明天开始应该做点什么？"我逐渐丢失了答案，陷入了迷雾中，迷失了方向。为什么会这样呢？因为我不知道创业时应该做什么，经营管理应该做什么。如果事前就有所了解，我便不会陷入相同的恐惧与不安之中。所以，本书也饱含了我不想让大家经历同样迷茫的愿望。作为创业的前辈和创业咨询的专家，我希望大家在通往成功时能走一条最短的路。

创业就是你越努力，就越能看见一个精彩的世界。我衷心希望越来越多的人能和我一同见证那个美丽的世界。那么，就让我们一同开启创业技巧的学习之门吧。

目录

Content

基础篇

第一部分

经营的要素与结构

即使想要创新，也不能偏离主路。

去观察寻常发生的事，努力将这些事做得更好就够了。

——安东尼奥·高迪（Antonio Gaudi）

第 1 章
经营是什么

"经营"是创业者（经营者）最常挂在嘴边的一个词。可当我们在提到"经营"时，它具体又意味着什么呢？

虽说经营是一个很广的概念，但经营中所使用的词汇的定义其实是很重要的。许多经营者并不会深究相关词汇的定义，这实际上也成了他们失败的一个重要原因。理由有二。

第一，囫囵吞枣等同于一无所知。经营者对经营词汇的定义囫囵吞枣，其实就是对未知事物搁置不理、未曾深入地对经营进行思考。缺乏对经营的深度理解必然无法获得持续的成功。在一知半解时或许能偶尔获得短暂的成功，但要想获得持续的成功，就必须对经营有深度理解。

第二，理解的模糊会导致行动的模糊。比如，如果你对公司的员工说："这个月大家要加油获客。"但当"获客"的概念没有明确时，就会出现这样的情况：员工 A 朝着目标 A 努力，员工 B 向着目标 B 行动，大家的行动和目标不统一。在刚创业时，每个经营者的资源都很少，这时候员工的目标和行动不一致便会导致用力不集中，最终影响成果。

面对"经营"这个词时也一样。经营的概念一旦不明确，相应的行为也就会变得不明确。因为在你说"一起经营"时，如果听的人对此有不同的理解，他们就会朝不同的方向努力，从而获得不同的结果。所以，我们要先对"经营是什么"下一个明确的定义。但需要注意的是，如果在定义时过度注重包揽全貌，定义就会变得很长，此时作为实践者的我们也很难去落实，所以定义要简洁。

在理解经营时，我希望大家首先想一想经营与谁相关。在经营时，绝对必要的登场人物是谁？虽然经营涉及许多的人与物，但其中真正不可或缺的、没有他们经营就无法成立的只有两方，那就是公司与客户。只要这两位人物登场，经营便得以成立。

像这样想得简单一些，我们就可以说"经营是构建与客户关系的活动"。所以，能和客户搞好关系的公司就能获得成果（图1-1）。这是创业者们作为实践者应该理解的经营最基本的概念。

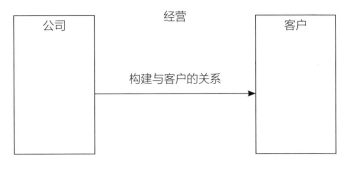

图 1-1　经营是什么

经营的要素与结构

那么，在那么多企业都遭遇失败的情况下，怎么做才能成功地与客户构建关系呢？这个答案也可以简化为两大方向：一是通过产品；二是通过销售。

如图 1-2 所示，通过产品与客户构建关系时，其最终目标

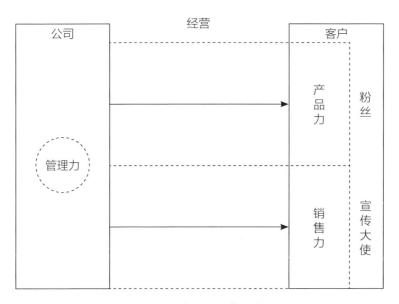

图 1-2　如何与客户构建关系

是让客户成为粉丝，即那些因为对产品喜欢得不得了而不停复购的客户。他们同时也是公司的粉丝，会购买公司提供的大多数商品。所以，在产品这条路上，必须要不断地提高产品力，让产品可以吸引粉丝般的客户。通过销售产品与客户构建关系，其最终目标是让客户成为宣传大使。这些宣传大使是和自家销售人员

一样的存在。他们不仅会不断复购产品，还会积极地向周围的人"安利①"，为公司带来新的客户。为此，我们必须要培养出足够的销售力，以此为公司吸引这些宣传大使。

此外，我们还需要不断地提高公司内部的管理力。怎样的公司体制才能通过产品让客户成为粉丝，通过销售让客户成为宣传大使？要解决这一问题，就进入管理的领域了，而能够支持与客户的两大关系构建的，就是公司内部的管理力。

决定经营表现的三大能力

经营需要产品力、销售力以及管理力这三大能力。只要拥有这三大能力，我们与客户的关系就能到达更高的层次，经营也会由此迈向成功。而经营的表现（成功度）则是通过三大能力的乘法公式实现的。所以，要想获得成功，我们要均衡地提高每一项能力。

经营的表现＝产品力 × 销售力 × 管理力

这里需要注意的一点是，这三大能力中如果有一项为 0，最

①　网络流行语，相当于"诚意推荐"。——译者注

终的结果可能就会归0。比如，即使你拥有一个很好的且很有人气的产品，公司有很多销售能力强的人去销售它，由此实现了营业额的增长，可是随着产品不断以赊销的形式销售、流通，公司也有可能会在此过程中因为缺乏管理力而无法回收货款，最终导致破产。

创造四大价值，让顾客成为粉丝

一般来说，产品要拥有四大价值才能卖得出去。在提高产品力时，我们很容易只考虑产品的绝对价值，即产品本身功能性的价值。然而，客户在购买商品时绝非只考虑绝对价值，而是综合考虑四大价值来决定购买与否。所以，在提高产品力时，我们需要充分考虑四大价值的每一项，提高每一项价值。要想让客户成为粉丝，我们需要在四大价值上设定高目标。为了提升每一项价值，如图 1-3 所示，我们需要做的是：①使命；②产品力；③定位；④品牌营销。

＜产品力的四大价值＞

（1）使命→存在价值。

（2）产品力→绝对价值。

（3）定位→相对价值。

（4）品牌营销→认知价值。

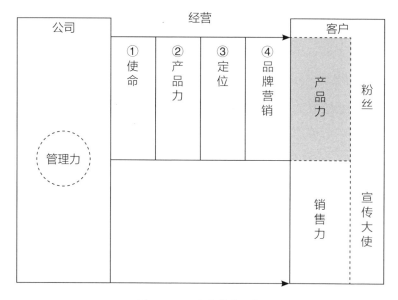

图 1-3 四大价值的目标

通过无声销售构建自主销售模式

为了让客户成为我们的销售员（宣传大使），销售方式十分重要。相比单纯的售卖，我们需要与客户构建良好的关系，由此形成自主销售模式，我们将这种模式称为"无声销售"。

在日常生活中，为了更好地构建人际关系，我们在行动的过程中往往需要注意阶段。只要能做到根据与对方的距离感来阶段性地调整交往方式，自然就能构建出良好的关系。销售一线实际上也是人际交往的场合，重点实际上和前述一样。即成功的关键在于要根据与客户的距离感来阶段性地调整交往方式。

如图 1-4 所示，与客户的相处可以分为 4 个阶段。只要在每个阶段里都完成应该完成的事，与客户之间的关系自然也能更进一步。

＜销售力的 4 个阶段＞

（1）获客力→获客。

（2）客户跟进→跟进目标客户。

（3）无声销售→贩卖。

（4）客户生命周期价值（CLV）[①] 管理→提升复购率。

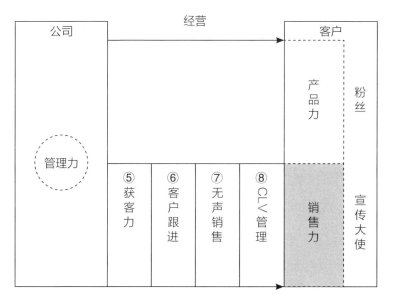

图 1-4　销售力的 4 个阶段

---

① CLV 即 Customer Lifetime Value。——编者注

构建管理者不在也能运转的体制

管理力是支撑产品力与销售力的基础。相比产品力与销售力，管理力直接关系到业务的发展以及业务的持续性。因此，虽然在创业初期，产品力与销售力的优先度更高，但是考虑到短暂的成功并无意义，管理力也是需要我们用心去打磨的。

管理力的目标在于构建出管理者不在业务也能运转的体制，也就是说，即使管理者不在公司，日常的业务也能正常运转，这是高管理力的体现。此外，一旦建立相应体制，管理者就能专心于他原本的工作内容，公司整体的实力也会由此实现飞跃般的提升。为此，当公司的业务上了轨道，我们就应该努力构建管理体制——管理者即使不参与日常业务，公司也能正常运转的体制。

为了提高管理力，如图 1-5 所示，我们需要完善四大体制。

＜管理力的四大体制＞

（1）会计和财务→创建社长的机舱。

（2）团队建设→搭建自立型组织。

（3）组织化→实现稳定性与持续性。

（4）投资与风险管理→实现永久的良性循环。

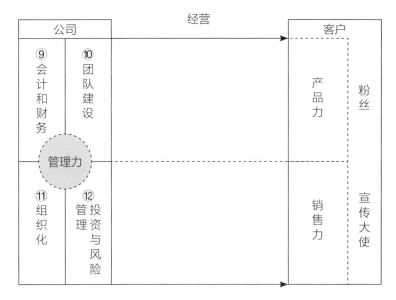

图 1-5 管理力的四大体制

不可或缺的 12 个要素

三大能力是成功不可或缺的，而要提高这三大能力，我们需要分别从 4 个领域入手，这样一来就形成了 12 个要素。

＜经营的 12 个要素＞

（1）使命：思考存在价值。

（2）产品力：思考绝对价值。

（3）定位：思考相对价值。

（4）品牌营销：思考认知价值。

（5）获客力：8个获客工具。

（6）客户跟进：五大渠道。

（7）无声销售：从销售行业到运用支持行业。

（8）CLV 管理：提高顾客的终生价值。

（9）会计和财务：创建社长的机舱。

（10）团队建设：搭建自立型组织。

（11）组织化：实现稳定性与持续性。

（12）投资与风险管理：实现永久的良性循环。

图 1-6 所示的便是经营管理不可或缺的 12 个要素，只要在理解这 12 个要素的基础上进行经营管理，我们便能明确应该做什么，也就能进一步接近持续性成功的目标。

	公司		经营				客户	
⑨ 会计和财务	⑩ 团队建设	① 使命	② 产品力	③ 定位	④ 品牌营销	产品力	粉丝	
管理力								
⑪ 组织化	⑫ 投资与风险管理	⑤ 获客力	⑥ 客户跟进	⑦ 无声销售	⑧ CLV管理	销售力	宣传大使	

图 1-6 经营的 12 个要素

操作篇

第二部分

构建经营中不可或缺的 12 个要素

第 2 章
第 1 个要素——使命

思考存在价值

使命是什么

使命是公司存在的理由，是公司所指向的终极目标。

商业是建立在对他人有帮助的基础上的。人们有需求，帮他们解决相应的难题、满足特定的需求，这才有了各种工作。所以，我们首先要明确的是"做什么才会对社会有帮助"。

公司肩负的责任是为社会提供特定的价值与解决方案。花店卖花、餐馆提供餐饮，这些都是周边社会的责任。当我们能带着社会性强烈地感受到这份责任时，它便成了一种使命。

为除自己之外的他人提供帮助，这是工作。而工作的集合体便是商业。所以说，企业必须是公共的、能解决社会问题的存在。在刚开始创业的时候，大家可能很难展开来想到这一点，但是我们需要提前认识到，公司从本质上来说应该是这样的存在。

使命的效果

可能有些人会觉得，刚创业不久就高举着"社会使命"的旗帜似乎并无意义。还有些人会认为"相比社会，得先考虑自己"。这些想法并没有什么不对，考虑自己也很重要。但是，如果只考虑自己，商业便无法成立。就像我在上文中提到的，商业必须建立在有利于他人的基础上。所以，高举"社会使命"的旗帜也有它的意义。

事实上，使命也有其现实性的效果。是否拥有使命多多少少也会关乎企业的收益。我曾经做过一个调查，对比了有使命的企业与没有使命的企业的收益差距。你们觉得它们之间会存在几倍的收益差？答案是"1.76 倍"。这还是仅仅以赢利企业为对象的比较结果。如果将那些赤字企业也纳入调查范围，那差距将会进一步扩大。

除此之外，还有销售额与使命关系的调查结果。结果显示，在销售额高于 2.5 亿日元的企业中，47% 的企业拥有使命。而在销售额高于 30 亿日元的企业中，拥有使命的企业更是高达 76%。

换句话说，确立企业的使命并不是一件为了门面、装饰性的事。很多人会觉得社会效益与经济效益两者不可兼得，但事实上社会效益与经济效益是可以两全的，这也是经营这一行为的魅力所在。在对社会有助力的同时还能获得收益，希望能有更多的经营者有机会体会到其中的乐趣。

为什么拥有使命的企业能够成功

见证了数千名创业者的创业，从中我发现了一件事——"知道自己身在何处的人是强者"。为什么拥有使命的企业能够成功，并实现持续性成长，其原因都可以概括为这一句话。接下来，我就将从 3 个切入口来解释为什么他们是强者。

首先，请大家看图2-1。A公司与B公司，谁更可能失败？很简单，是B公司。那么，其中哪一家会是拥有使命的企业的呢？这个问题也很简单，是A公司。A公司是"拥有使命的公司"，而B公司是"没有使命的公司"。

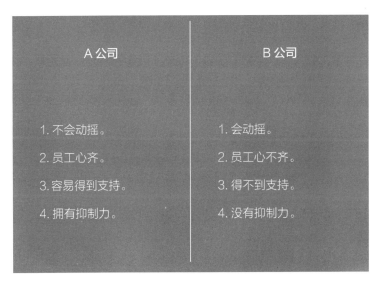

A 公司	B 公司
1.不会动摇。	1.会动摇。
2.员工心齐。	2.员工心不齐。
3.容易得到支持。	3.得不到支持。
4.拥有抑制力。	4.没有抑制力。

图 2-1　A 公司与 B 公司

没有使命的公司因为没有不会动摇的目的与目标，经常会在经营方针和实践中摇摆不定。说得极端一些，他们可能去年做的是一种业务，今年做的业务又是另一种。当然，这也有可能是因为他们面临重大的节点而不得不进行业务转型。但是，这些没有使命的公司因为不清楚自己的定位，总是会不停地摇摆。做的事情不明确，也就得不到社会的支持；员工没有一个共同的目标，心也就不齐。在这样的状态下，公司是很难获得成功的。

对拥有使命的公司来说，因为他们拥有坚定不移的目的与目标，在实践中便不会摇摆不定。员工有着共同的目标，会向着同一个方向努力。同时，因为他们做的事十分明确，也就更容易得到社会的支持。毫无疑问，这种公司的业务更能得到发展。因为拥有使命的公司有好的"抑制力"，能够更强有力地推进业务。

接下来，请大家比较一下这两家公司。如果你是顾客，你会购买哪一家公司的商品呢？

"只考虑自己的公司"与"想要对社会有助力的公司"。

如果商品的价值是一样的，相信很少会有人选择只考虑自己的公司。一家公司是独善其身还是兼济天下，是很容易看出来的。而且从本质上来说，只考虑独善其身的人与公司是很难持续开展帮助他人的业务的。只要经营是一种创建联系的行为，它的社会性就会一直占据重要地位。

最后一个理由，人是拥有共情能力的，越是能为他人着想，越是能坚持下去。相信你们也都有过这样的经历。做一件事时如果只考虑自己，标准就会降低，也很容易放弃。但是如果这件事关乎他人，就能够继续为之努力。换句话说，有时候为了他人和社会的原动力会比仅仅为了自己更持久。

综上，我们可以理解，拥有使命的公司更容易获得成功。公司应该拥有属于自己的使命。让我们一起举起使命的旗帜吧！

如何创立使命

接下来就让我们来看看如何才能创立使命。

通过与多家公司共同确立使命的经历，我发现下面这个"三步创立使命"方法十分有效。它可以帮助我们思考出具体且容易理解的使命。

＜三步创立使命＞

（1）明确社会的难题。

（2）明确解决该难题的方法。

（3）想要实现的理想社会。

请将上面 3 个项目依次写在工作表 1（见本书附赠的小册子）里，最开始的时候写下概要即可。

（1）社会的难题是什么？（你的公司和产品想要解决的社会

难题是什么？）

（2）你的解决方法是什么？（你将怎样通过你的公司和产品去解决这一社会难题？）

（3）你想要实现的理想社会是怎样的？（当这些难题得到解决时，社会将呈现出怎样的理想状态？）

在完成了"三步创立使命"的表格之后，我们需要把它完善成一篇能在 1 分钟内解说完的小作文。为什么要在 1 分钟之内？因为人往往没有耐心听长篇大论。我们需要把上述内容完善成一篇简短的、有感染力的且能说明公司存在意义的小文章。

在某个时代的硅谷，人们经常会在乘坐电梯的那 1 分钟里决定上百万美元的投资。所以，能在 1 分钟内将公司的魅力用语言呈现出来被当作成功的重要因素之一，它也被称为"电梯法则"。换句话说，成功的公司能在一分钟内介绍完自己的公司、征服听众。

让我们一同完成工作表 2——电梯法则。完成了这项内容后，我们就能利用公司的所有媒介进行对外宣传。此外，我们可以把这一内容发给公司所有的员工，让他们在对外介绍时使用。这样一来，人们也就更容易理解你们的公司是一家什么样的公司、存在的意义是什么。

事实上，让销售员带着这份介绍书去拜访客户，并告诉他们一定要在客户面前好好介绍，这会让公司业绩得到不可思议的飞跃。所以，我们也要把它当作一个销售工具好好利用。

如何传递使命

使命的目的并不在于被装裱好、挂在社长的办公室里。使命是要让社会知道公司自身存在的意义。所以，一旦确立了使命，我们接下来要做的就是积极宣传。

如图 2-2 所示，假设你的公司在花店预订了不少观赏植物，对方开车把订单送了过来，在 A~D 这些车里，花店开着哪辆来你会选择复购呢？

第二部分　操作篇

图 2-2　会被选上的车是哪一辆

在其他条件都一致的情况下，大家很容易选择 C 或者 D。为什么呢？因为 C 和 D 让人感觉这家花店始终牢记着自己的使命。A 或 B 则会让人觉得明天它们又会被用作其他事，比如，接送小孩上学。相对地，C 和 D 让人觉得它们是送花用的专车。换句话说，我们会选择让人觉得专业的公司。

此外，在 C 和 D 上我们还能感受到"我们把命都押在了这家花店上"的情谊。对于这样拼命的人与公司，大家是愿意从他们那里购买、把工作交给他们的。所以，"表现出使命的公司"会被选上。

使命的传播

接下来就让我们实际传播自己的使命吧。

请大家参考工作表 3 中的 4 种传播媒介，分别用它们去宣传自己的使命。这时我们就能用上工作表 1 和工作表 2 中的使命内容了。此外，工作表 4 中探讨的宣传标语也能在空间有限的情况下派上用场。

< 使命的传播媒介 >

（1）名片。

（2）官网。

（3）宣传媒体。

（4）所有的纸质材料。

使命的表现

在传播使命时，我们必须要注意它的表现形式。根据表现形式的不同，传播方式也会随之发生很大的改变。

要想有效地表现使命，我们需要将以下两点牢记于心。

（1）这会留在人们的记忆里吗？

（2）人们看了之后会想把它告诉别人吗？

为了让使命的表现能够实现上述效果，我们需要自查以下4点。

（1）差异化明确吗？

（2）简短吗？

（3）通俗易懂吗？

（4）具有社会性吗？

标语化

在思考使命的表现时，我们需要循序渐进，三步创立使命→电梯法则→标语化。在包含了需要表达的内容的情况下，标语越短就越能让人印象深刻，同时也更容易实现口碑传播。

接下来就让我们在工作表4里将使命缩为标语，将其字数控制在20字以内。如果你觉得这一步有点困难的话，那就先想想，你们公司是什么专家，"××的专家"在各行各业都有使用，因为对于顾客来说，这是一种非常一目了然的表达。

标志化

使命表达的最终阶段是标志化。让我们一起来想一想将标语进一步提炼到"一秒就能明白含义"的程度。就像前文中出现的送花车 C 和 D 一样，能让大家一眼看懂你的公司是做什么的。

觉悟

使命能够被持续地传播下去也很重要。使命如果能持续地得到传播，在公司内外都能逐渐地产生好的影响。所以，我们在经营时需要拥有这样的觉悟——要不断地向顾客、员工传递公司的使命。

第3章
第2个要素——产品力

思考绝对价值

产品力中主要有让你的产品脱颖而出的29个切口。钻石为什么那么闪耀？因为进行了让它能闪耀的切割。有一种钻石切割方法叫作明亮型切割，为了能最大限度地呈现出钻石的光芒，这种琢型共有58个小面。钻石在原石状态下并不闪耀，只有经过了切割才能绽放光芒。你的产品也是一样。虽然它可能像钻石原石一样已经拥有了价值，但是尚未显露出光芒。所以，我们要通过思考以下29个项目来提高产品力，将产品变为闪耀的商品。

产品力是什么

产品力就是价值。价值指的是满足人类生活必要与欲望、给予人满足感的东西。产品只不过是传递价值的一种手段。我们通过这种手段为顾客提供价值。你所提供的产品拥有什么样的价值呢？接下来就让我们来思考一下商品的本质价值。

谁的价值

理所当然的，此处的价值指的是对产品受益者即顾客的价值。在进行产品研发时，我们很容易忘记这一基础，反而会根据供应方的理论与条件来制作产品。虽然供应方的理论与条件也不可忽视，但我们最不能忘记的还是要为顾客提供价值。

我们将以供应方视角为基础的产品理念称为产品优先，将以顾客视角为基础的产品理念称为市场优先。

如何提高产品力

正因为产品力就是价值，所以创造价值就是要提高产品力，这也是我们在产品开发过程中的目标。但是，因为这一价值具体指的是对于顾客的价值，所以最终是否有价值还是要由顾客来评判。为此，"真正的价值"是由市场决定的。产品开发不应该止于研发室，需要在与市场对话的基础上不断进行改进。

为了避免让产品开发成为自我满足的工具，我们要积极地与市场进行互动。作为产品开发的第一步，我们必须要听取潜在顾客的意见，哪怕刚开始我们能实际接触到的顾客十分有限。

为了明确产品价值，请完成工作表 5 的问卷设计，并至少采访 5 位潜在顾客。

产品研发时的注意事项

在产品研发过程中我们一定要知道的就是"最开始一定会失败"。说"一定"可能有点过于夸张了，但是大家需要有一定的觉悟与心理准备。我再次强调，决定产品真正价值的是市场，而不是我们。所以在正式将产品投放市场之前，我们并不知道结果会如何。为此，以下两点十分重要。

1. 迅速开始

在产品研发的过程中，我们难免会有完美主义的倾向。精益求精并非坏事，但如果过分地追求完美，市场需求可能会在此过程中逐渐消失，或者是竞争对手的产品率先发售，让我们失去这一机遇，进一步导致产品价值的消失。所以，我们需要拥有能在一定阶段就将产品投放市场的勇气。

最开始做不到完美也没有关系。你知道最初的手机的体积有多大吗？完全不是可随身携带的大小。所以，开发者是因为觉得它已经完美了所以才发售的吗？当然不是。只要产品安全过关，最开始没有必要去追求完美。

2. 从可承受的风险范围内开始

若是缺乏与市场的对话，产品的好坏便无从谈起。我们需要在一定阶段就做好投放市场的准备。为此，重要的是在能承受的风险范围内行动，留出产品迭代的余力。换句话说，即不要在一开始就投 100% 的经营资源。要留出产品投入市场后进行改善的空间、精力。

能做出畅销产品的人

很多人会觉得，能打造出畅销产品的一定都是那些拥有创造力、有新想法的人。但事实并非如此。创造力自然也很重要，但能创业并能让整个业务走上一定轨道的，最终还是那些不断与市场对话、不断试错的创业者。所以，不断重复图 3-1 的循环过程十分重要。越是能快速实践图中循环的创业者越能获得成功。业务整体的搭建亦是如此。

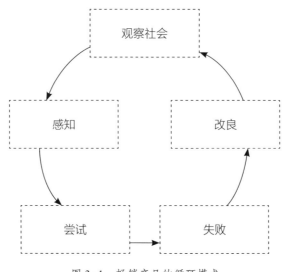

图 3-1　畅销产品的循环模式

产品力的目标是什么

"无须宣传就能卖出去"是产品力最终极的目标。只要向有需求的人介绍，他们就 100% 会购买——我们要以拥有这样价值的产品为目标。当然，这多多少少有些说易行难，但能坚持以此为目标去开发、改良产品，这是提高产品力十分重要的一点。

那么，要让产品无须宣传就能卖出去，它需要有什么样的功能呢？让我们试着思考一下这个问题，就能看见研发的方向，而后只需要一步一步向目标迈进即可。

审视现状

如果产品已经有了，那就让我们来审视一下现状。请通过图3-2的指标来判定一下贵公司的产品力到了怎样的程度。

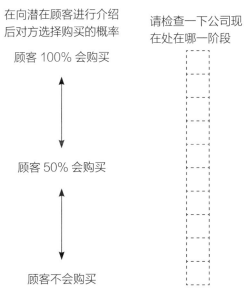

图 3-2　产品力指标

如果贵公司的产品还处在待开发的状态，虽然最终我们追求的是"让顾客100%会购买"，但实际上要做好准备，在到达"顾客 50% 会购买"的阶段就可以将产品投放市场了。因为在实际投入市场之前很多事情还是未知的。

产品力的源泉

因为产品的源泉在于人类的根本性需求，所以要想提供好的产品，首先要了解人。让我们一起深入思考一下"人追求的是什么"。从下一项开始，我们要来探索人类根本性需求的切入口。

两大行动原则

总体来说，人类只有以下两大行动原则。

（1）寻求快乐。

（2）避免痛苦。

所以，商业的发展也会沿着这两大行动方向进行。

以汽车行业为例。汽车的功能性价值在于移动，我们可以说它是"减轻人们长距离步行痛苦"的产品。但是，因为人总是会寻求快乐，所以才诞生了能让人舒适地移动的汽车。也就是说，产品会根据人类行动的这两大方向得到发展。

与市面上既有的产品相比，你的产品"能给人们带来更舒适的体验吗？""能进一步减轻人的痛苦吗？"请沿着这两个方向重新审视自己的产品。

需求的 5 个阶段

要了解人的需求，其中最通俗易懂的就是马斯洛人类需求五层次理论。由图 3-3 我们可以知道，人的需求可以分为 5 个层次。即人们首先追求的是对最基本的需求 1 和 2 的满足，在此之后才会追求更高层次（3~5）的需求，并不断递进。

你的产品能满足以下哪些需求？
在研发产品时，我们要尽可能多地满足下列需求。

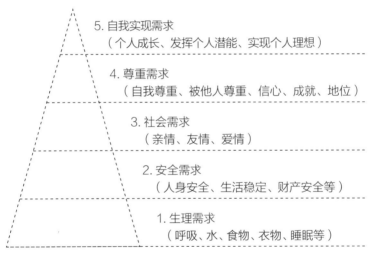

5. 自我实现需求
（个人成长、发挥个人潜能、实现个人理想）

4. 尊重需求
（自我尊重、被他人尊重、信心、成就、地位）

3. 社会需求
（亲情、友情、爱情）

2. 安全需求
（人身安全、生活稳定、财产安全等）

1. 生理需求
（呼吸、水、食物、衣物、睡眠等）

图 3-3 马斯洛人类需求五层次理论

你的产品能满足人们哪一层次的需求呢？它可以同时满足人们的多重需求吗？请根据这 5 个层次的需求思考一下。

需求与心愿

需求和心愿有很多不同的定义，在本书中，我们用需求指代功能性价值、用心愿指代设计等产品功能以外的价值。

在商品泛滥的今天，我们需要实现需求与心愿的两立，借此提高商品价值。换句话说，要在产品的自身价值即功能性价值上添加附加价值，即让人觉得"酷炫""可爱"的设计感。

以高档手表法兰克穆勒为例，其设计十分精巧，呈现时间的方式与一般按1~12顺序排列表盘的普通手表完全不同。由于手表的本质功能是呈现时间，如果只从功能层面上来看，法兰克穆勒表绝对不是那种方便看时间的手表。但是，正因为它的设计十分有趣、不同寻常，人们才想购买，这便是心愿，如图3-4所示。所以，我们在研发产品时，不能只考虑功能性价值，还需要结合消费者的心愿。同样，如果是以心愿为主体的产品，我们就要想

请思考一下你的产品的需求和心愿。
为了创造出第4类产品，我们应该要做些什么呢？

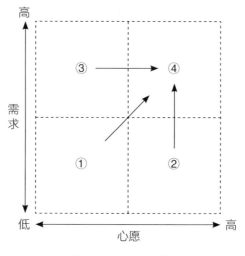

图3-4 需求与心愿

想如何为其添加附加的功能性价值。

苦恼与马拉松

价值的高低与苦恼的大小成正比。换句话说，顾客的苦恼越大，能解决这一苦恼的产品价值就越高。所以，如果想要研发出好的产品，就必须充分了解社会的苦恼。我们需要对苦恼保持高度的敏感。这便是商业的种子。从这个层面上说，创业者必须成为"苦恼的专家"。

让我们通过工作表 6 来一起找"苦恼"。对于已经决定好产品领域的读者，你们可以思考一下相应领域潜在顾客的苦恼。对于零基础想要研发产品的读者，你们可以从整个社会中的苦恼以及自己感受到的苦恼入手。

在这一过程中，重要的是尝试写出 100 个苦恼。写出最初的10 个、20 个可能很简单，后面会越来越难。但不管是多小的苦恼，都请写满 100 个。这个绞尽脑汁的过程十分关键。因为它不仅能训练我们对苦恼变得更敏感，而且越写到后面越能让我们意识到至今为止没有意识到的苦恼、需求，进一步帮助我们获得大的发现。

商业种子的四大法则

如果多研究一些商业发展的方法你就会发现，大多数的项目其实都是朝着某一个方向发展的。如果知道了方向，就相当于知道了下一步，它将成为我们思考商业种子的一个重要的指导手册。

那便是接下来的商业种子的四大法则。

法则1：化繁为简。

向着更简单的方向发展。最通俗易懂的例子是方便面和冷冻食品。这些都是向着让做饭更简单的方向发展的产物。在你的行业里，有什么能更简单实现的方法吗？

法则2：缩短时间。

向着更短时间的方向发展。时间对于任何人来说都是有限的资源。所以，如果能将原本需要60分钟才能做完的事缩短成30分钟，这便能创造巨大的价值。这也是为什么快餐等餐饮行业会追求"更快"。

法则3：全面满足。

除了功能满足，商业也在向着全面满足的方向发展。比如，出租车的功能在于帮助人移动，但是它也在朝着更舒适地移动的方向发展。飞机头等舱也是同一个道理。

法则4：多样化、个性化。

每个人都会拥有不同的兴趣与需求，商业正向着迎合不同兴趣、需求的方向发展。产品越来越多样化，最终会实现定制化的需求。比如，汽车的定制化最近就十分盛行。

正因为商业很大程度上可能会向着上述4个方向前进，我们就应该领先一步，在预判的基础上进行产品开发。

商品与类别

相比商品，如果我们先从类别的角度思考，那么产品也将更具深度。

如图 3-5 所示，思考类别就是要思考比某一具体产品更宽泛的范围的价值。根据公司的类别不同，所提供的产品也会发生很大的变化。比如，虽然星巴克的主要产品是咖啡，但他们并不将自己定义为"咖啡店"，而是"第三空间"。

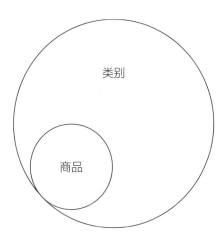

图 3-5　商品与类别的思考方式

"第三空间"指的是按时间长短排序，除家和职场之外人们停留时间最长的场所。正因着眼点是这一类别，星巴克不仅讲究咖啡的味道，对店员的待客方式、店铺里的音乐都有要求，也在店里覆盖了无线网。如此提供复合型价值的星巴克才得到了众多顾客的支持。所有的一切都起源于先思考"第三空间"这一类别的概念。所以，请大家跳出商品本身，从更广的类别层面进行思考。

两大价值

价值可分为两大价值。

（1）绝对价值。
（2）相对价值。

在进行产品研发时，我们很容易只思考产品的绝对价值。但是，无论绝对价值多大的产品，如果竞争公司也有同样的产品，那这一价值都将大大下降。我们所选的价值往往是由两大价值共同决定的。所以，在研发时也绝对不能忽略相对价值。

定位

为了提高产品的相对价值，最有效的办法便是定位。也就是要彻底思考公司产品在市场上的位置，并在此基础上研发产品。关于这一内容，我将在接下来的第三个要素中详细论述。

成为第一

站在消费者的角度便会知道，人们往往都会想要某一领域中位居第一的产品。所以，如果公司的产品能在某方面成为第一，那成功的概率将大大提升。许多厂家都争着实现世界最轻、世界最小的原因也正是第一的影响力。即使是刚起步的小公司，如果花费一番心思，也能实现某方面的第一。"如果是这个，就交给我们吧。""如果是这一点，我们不输行业里的任何一家公司。"一起来创造这种第一吧。

公司的强项

热销商品能够诞生，往往都是在公司的强项能够迎合市场需求的时候。换句话说，就是要利用公司的强项去开发市场所需要的东西。因此，了解自身的强项十分重要。让我们一起试着写一写公司的强项。写完以后请将这些强项总结为三大强项。这将成为公司重要的资源。我们需要充分利用这些强项来提高商品价值。

用对手的思维思考

在已有经验的领域创业是成功率较高的方法之一。此时，一个能发挥重大作用的方法叫"换位思考"。正因已经对业界有所了解，那就要以竞争对手的心态考虑加入市场的方法。

在工作表 7 中，我们将一同思考"在同一个市场中，最不希望对手做什么事"。这将有助于我们思考"应该做什么"。对于已经创业的人来说，我们则应该思考"如果现在要加入市场，应该为产品添加哪些新的特征"。

打破常识

商业有飞跃般的发展的时候，往往都是打破业界常识的时候。比如，在招聘领域，如果公司在相关平台上发布了消息并成功完成招聘，那么公司需要支付平台相当于广告费的固定金额。

登场人物表

由于经营是构建关系的活动，所以思考和明确与公司产品相关的人物至关重要。请总结一下和你公司的产品有关的登场人物吧。其中最具代表性的是自家公司、顾客、合作公司、竞争公司等。

"三好"原则

能成为长线赢家的产品往往是由"三好"构成的，即在与自家产品密切相关的顾客、自家公司、合作公司这三方面都具有优势。这三方面相关人物的平衡能够帮我们打造寿命更长的商品。

通俗易懂的产品力

在相同价值的产品中，通俗易懂的更能大卖。也就是说，光靠通俗易懂这一点就能让产品力有所提升。

● 你的产品通俗易懂吗？

● 产品和价值都是容易传达的结构吗？

就让我们一起来验证一下顾客视角的通俗易懂吧。

产品力 × 通俗易懂＝被认知的产品力。

产品 A：$100 \times 50\% = 50$。

产品 B：$70 \times 100\% = 70$。

商品传达力

商品真正的价值在实际购买、使用之前是很难判断的。如果判断价值十分困难，那决定购买的这一行为自然也是困难的。事实上，很多有价值的商品都因为难以理解这一理由而未能实现热销。所以反过来说，如果能够实现价值的可视化，就能让产品拥有巨大的优势。

那么，就让我们一起来思考一下如何为产品本身添加价值传达能力。以戴森吸尘器为例，它能获得巨大成功的重要原因就是把吸尘的盒子设计成了透明的材质，由此让顾客能够亲眼看见"原来它能吸这么多的灰尘"。

最先在市场上流通的并非商品，而是传递商品价值的某样东西。所以，请思考一下如何才能实现你的产品价值的可视化吧。

产品说明电梯法则

好的产品在 1 分钟之内就能介绍完，因为它是经过彻底的思考凝练而成的。在商品方面，也请参考前文中三步创立使命——

工作表 2 的内容，构建一下自家商品的"商品说明电梯法则"吧。

只要能准备好这 1 分钟的产品介绍，不管是谁都能高效地对产品进行说明（由于这一部分与销售的内容也密切相关，也可以在工作表 8 中完成）。

取名策略

仅仅是改变商品名，产品的销售情况就会随之改变。所以，让我们一起好好想想起名这件事吧。对广告预算少、无法多次传递商品内容的小公司来说，取名的策略十分简单。即取一个不用说明也能让对方明白产品功能与价值的名字。

小林制药公司采用的"名称＝功能"取名方式就是很好的参考。小林制药公司的"退烧贴""嗓子温润喷雾""如厕之后"等商品名，都是以"好记、有节奏感、1 秒就能明白"为原则，在重要会议上讨论决定的。会议的目的就在于为产品取一个通俗易懂的名字，据说有时候一个产品会有 100 多个备选的名字。

包装策略

包装也是商品的一部分。即使是一个好的产品，如果包装不对，那产品整体的价值就会下跌。所以，包装也是需要大家花心思的——要想一想包装是否具有深意。

即使是对于产品不可视的服务业来说，也可以通过包装提升自己的价值。以工作服为例，一定会有那种能传递自家服务价值的服装。员工着装即使不是以工作服的形式，也应是符合自身服务价值的着装形式。

定价策略

京瓷公司的创始者稻盛和夫曾说过这么一句话："决定价格才是经营。"由此可见价格的重要性。尽管如此，许多创业者在定价时并没有深思熟虑，继而让经营陷入了险境。

定价就是决定每 1 日元的价值，其最终也会导致商品价值的确定。那么，该如何对商品进行定价呢？答案也出自稻盛和夫的语录，即应该选择顾客愿意支付的最高金额。把东西卖得便宜这种事小学生也可以做到。怎样的价格才是顾客愿意支付的最高金额？这是我们需要彻底思考的。

在填写工作表 8 中的定价时，请至少思考出 5 个价格。这样一来，我们就能发现更合适的那个价格。对于小公司，我推荐设定稍高的价格，因为顾客会觉得价格贵的产品让人放心。如果设定了低价、降低了毛利，那就必须以销量取胜。而从销量角度看，大规模的公司会占有压倒性的优势。所以，小公司不应以低价取胜。

除设定单一价格外，设定价格区间让核心产品卖得更好的这一策略也很重要。这一做法被称为"松竹梅法则"①，自古以来就

---

① 指当人们面临 3 个不同价位的价格区间进行选择时，50% 以上的人会选择中间的选项。——编者注

有很多商人如此实践。

设定一个比核心产品便宜的试用品，顾客数量就会增多。而设定一个比核心产品贵的产品，就会让人觉得核心产品实惠、买到就是赚到了，核心产品由此便能热销。尤其是对于日本人来说，由于大家的中间趋势较强，因此往往在高、中、低3个选项中会选择最中间的，核心商品也就因此更好卖了。

愿景与社会贡献

没有愿景的产品无魅力可言。你的产品包含着某种愿景吗？让我们在产品的制造过程中加入一些愿景吧。那么，该加入怎样的愿景呢？大家是因为什么才要开发这款产品的呢？是想要通过产品的什么来对社会有所助力呢？请好好思考一下。因为最终，这一愿景的深度将成为产品力的高度。

思考相对价值

定位指的是什么

定位是指彻底思考公司在市场中所处的位置，即在众多竞争对手存在的市场中，把握、创造自身产品相对价值的行为。见证了数千家公司的业务发展，我认为好的业务的背后都是对定位的彻底分析。所以，我们也要一起来深入思考一下这项内容。

为什么需要定位

为什么应该充分关注定位呢？其理由有二。

1. 价值是由"相对"决定的

如果不是极其特别的存在，大多数企业在市场中都面临着竞争关系。而企业的相对价值就是由与其他公司的竞争关系决定的。由于产品价值是由"绝对价值 × 相对价值"决定的，如果相对价值过低，绝对价值再高，最后产品的整体价值也还是会被拉低，因此，持续地把握自身的相对价值十分重要。

请想象一下以下两种环境。一种是我们日常生活的、很容易能得到水资源的环境；另一种是处于沙漠中央、不易得到水资源且不存在提供者的环境。在环境一中，我们大概花100日元就能买到水。因为对于水资源丰富的日本来说，市场上存在着很多竞争公司。那么，在环境二中，情况会如何呢？由于没有别的选项，而不喝水又会渴死，因此大家哪怕要花上1万日元、10万日元也一定会买水。所以，即使是同样的产品，在不同的环境中它们的相对价值也会有很大的不同。

2. 可以实现幸福的经营

经营的终极目标是幸福，好的经营管理就是让相关的所有人都能变得幸福。所以，在帮助数千位创业者的实践过程中，我一直在问自己："如何才能实践出幸福追求型的经营管理？"

在此过程中我明白了一件事，那就是如果要追求幸福，就不要竞争。当然，我并不是说竞争不好，因为和竞争对手的切磋最终能够提升整个行业的价值。但是，人如果一味地让自己陷入竞争的状态，就会感到疲惫，幸福感也会变得遥不可及。

在经营管理的过程中，许多创业者都会竞争。一般来说，一旦开始经营公司，竞争就会变成一种日常。但是，这种竞争其实又是不必要的。如果有不需要竞争就可以做好业务的方法，那这些方法显然是更优解，且从实际情况来看，很多虽然规模小，但是存在感很强的公司，其实都在实践不竞争的经营方式。

在实践不竞争的经营方式时，"通过定位减少竞争"是重要的要素之一。竞争越少就越能实现低压力的幸福经营。一起去找一找少竞争的地方（定位）吧。

定位的效果

在竞争少的地方开展业务，我们可以期待以下五大效果。

（1）拥有定价权。
（2）收益性高。
（3）稳定。
（4）持续率高。
（5）可以实现低压力的经营。

站在经营者的角度上看，这5点都很好，但其中最重要的一点其实是拥有定价权。正是因为有了定价的权利，收益才会增高、业务才会稳定且业务的持续性也才会变强。

如果市场上存在拥有相同价值的竞争对手，顾客就会有别的选择。这样一来便会演变成"由价格定胜负"的局面，公司也很难设定高于竞争对手的价格。

案例学习

接下来，就让我们实际进行一下定位。定位是将自身在市场中的相对位置进行可视化，并寻找竞争较少的环境。由于市场并非实物，要对这一存在进行可视化并非易事，但我们可以对其进行简易的可视化——"可视化地图"。要想正确地运用"可视化地图"，除了学习，更多的是需要练习，所以就让我们一起看看实际案例吧。

<案例 1>

这个案例是将咖啡市场可视化的图。如图 4-1 所示，利用横轴和纵轴呈现市场状态的方式最为通俗易懂。在这个案例中，横轴表示的是价格，纵轴表示的是堂食或外带。在此基础上标出了进入市场的产品与公司。

市场状态最初如图 4-1（a）。也就是说，大部分都还是空白的。市场会从状态 A 开始一直变化。最初进入"堂食 / 低价"领域的是以罗多伦（Doutor）为代表的自助型咖啡店。面对低于街头咖啡店、酒店咖啡厅的价格需求，通过导入自助型的服务模式可以节省人力并在此基础上实现低价，由此大获成功。

如图 4-1（b）所示，接下来是"外带 / 高价"的空白市场。成功进入市场的是以星巴克为代表的咖啡专门店。当然它们也有堂食，但最大的优势还是在于外带。堂食的销售额会受座位数的限制，而外带不存在这一限制。所以它们能够不受店铺面积、座位数的限制，不断地突破销售新高。它们的收益率很高。

市场还会进一步发展。在自助型咖啡店和咖啡专门店的基础

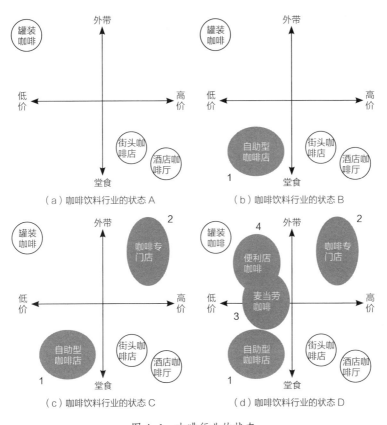

（a）咖啡饮料行业的状态 A　　　　（b）咖啡饮料行业的状态 B

（c）咖啡饮料行业的状态 C　　　　（d）咖啡饮料行业的状态 D

图 4-1　咖啡行业的状态

上诞生的是麦当劳咖啡。如图 4-1（c）所示，它取状态 A 和状态 B 的中间定位，通过在咖啡空间上发力取得了成功。快餐店的收益大多来源于酒水。所以麦当劳咖啡为麦当劳的业绩重振做出了巨大的贡献。

　　而最后行动起来的是便利店咖啡。如图 4-1（d）所示，在便利店开始提供外带的咖啡之后，整个外带市场一下子扩大了。我们可以认为，便利店的这一举措完全是基于对市场的充分研究。

正如上述案例所示，成功的企业会渗入市场的空白区域，在竞争少的地方开展业务。让我们再看一些案例。

<案例 2>

案例 2 是服装产业。如图 4-2 所示，横轴为价格，纵轴为品质。最初，服装市场中只有普通的服装店和品牌厂家两种存在，通过渗入二者中间区域大获成功的是"DC品牌①"（Design&Character Brand）。

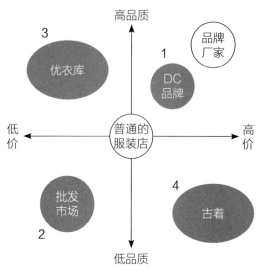

图 4-2　服装行业

紧接着，在泡沫经济破灭期诞生了服装批发市场。如今众所

---

① 又有设计又有个性的牌子。——译者注

周知的优衣库，当年的定位就接近于批发店。而优衣库之所以在后来实现了突飞猛进，是因为通过"制造和销售一体"的模式突破了以低价贩卖摇粒绒等高品质衣物的困局。

那么，在"高价／低品质"区域能否开展业务呢？如果站在顾客的立场上想，大家一般不会购买"高价／低品质"商品。所以，"空白＝好的商业机会"这一等式并非在任何情况下都能成立。空白之所以还是空白，是有理由的。

优衣库大获成功的"低价／高品质"区域是因为太难实现了，所以之前没有人尝试。但是，一旦有公司能突破这一困难，就能把生意做大。顺便说一句，如果要说第4个区域在哪里可以成立，"古着①"大概是一个答案。古着并不一定是高品质的商品，但是因一群热衷古着的人士愿意以高价购入而得以成立。

像这样，有时候如果下足了功夫、深入地思考了，是能为自己创造出定位的。即使是一些乍一看很难攻克的区域，虽然需要多加注意，也还是有商讨价值的。

＜案例3＞

案例3是我经历过的办公室租赁市场。如图4-3所示，纵轴为初期费用，横轴为租赁面积。我们通过这一"地图"进行市场

---

① 指在二手市场淘来的真正有年代的而现在已经不生产的衣服。——译者注

分析可以得知，市场上并没有"初期费用低、面积小"的办公空间可供租赁。

由于我之前想要为创业者提供帮助，认为"没有面向小规模人数的办公室"和"大多办公室保证金高昂，会让创业者在起步阶段就花掉过半的创业资金"这样的情况会让创业者陷入困境，于是便创办了服务型办公室——"初期投资少、一个人也能租的小面积办公室"。由于这是一个全新的业务，因此创业初期吃了很多苦，但是得益于市场的支持获得了很大的发展。后来随着加入企业的增多，发展成了一个产业。由于我起步较早，最初近10年时间里竞争对手很少，且该公司在当时也算行业里的龙头企业，所以在好长一段时间里这都是一个高收益的生意。

顺着这一势头，接着出现的大概是"初期费用低、大面积"

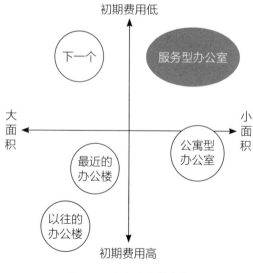

图 4-3　办公室租赁市场

的业务。换句话说，我们即将迎来的是能以较低的初期费用租借到大空间的时代。这对于租方来说是个好事，我也为自己创造出了这么一个市场趋势而感到高兴。

最后，定位不仅适用于商业、公司，对个人也同样适用。就让我们一起看看下面的例子吧。

＜案例 4＞

案例 4 是关于著名的偶像团体 SMAP 的分析结果。该研究对"SMAP 为什么有人气""人气是否能够保持下去"产生了兴趣并进行了相关分析。通过制作类似的定位地图，该研究发现，SMAP 的每一个成员实际上都在定位上保持了绝妙的平衡，他们作为一个整体满足了人们对偶像的所有需求。即使随着时代变化，人们对偶像的需求会产生多多少少的变化，成员中也总有一个人能够回应新的需求，由此让整个团队能够跨时代地保持活跃状态。此外，由于每一位成员的定位并不重合，每一个人都很受人们欢迎，也能够单独活动。

如图 4-4 所示，其中最有趣的是中居正广的定位。一般来说，这个定位会因为过于平均而很难在娱乐圈崭露头角。但是，由于中居正广在每个方面都表现得十分出色，最终也使得他能成为特例。可以说，这是一个很好但是不应该被参考的稀有案例。

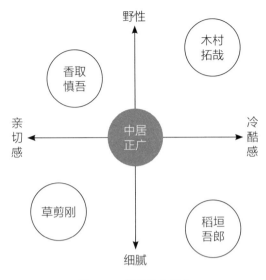

图 4-4　偶像界的定位

　　看了这些案例，自己感觉能够绘制出定位图的读者可以先在工作表 11 中尝试一下。如何进行阶段性地叠加？我会在后项内容中进行说明，所以先空着也没有关系。

重新定位

　　有一点是我们一定要事先做好心理准备的，就是产品一定会贬值。这对于我们经营者来说虽然是一个严峻的事实，但我们无从改变。贬值的原因主要有二。

　　1. 顾客会感到厌倦

　　即使产品拥有绝对价值，若持续使用下去，顾客也会觉得它们正在贬值。哪怕是在吃自己喜欢的食物，如果今天、明天、后天都吃同样的东西，那会怎么样呢？你还会觉得它拥有同样的价值吗？很遗憾的是，我们都会感到厌倦。你的顾客也是一样的。也就是说，随着时间的流逝，绝对价值有很大可能会下跌。

2. 对手增加

这一点很容易理解。你的业务越好，就越有人模仿。由此，相对价值便会下降。由于上述现实情况的存在，曾经确立的定位并非一直可稳居。为此，我们需要如图 4-5 一样经常思考如何重新定位。重新定位就是要一点点地转移到竞争少的地方上。处在独特位置上的公司常常通过这样的方式来微调自己的处境。

看到这里，你可能会觉得做个生意也太不容易了。但正因有了"产品会贬值"这一残酷的事实，市场上才会出现新的机会。对于创业者来说，也才会不断有新的、可以加入的空间。这样想来，我们也可以说市场环境是十分良性的。

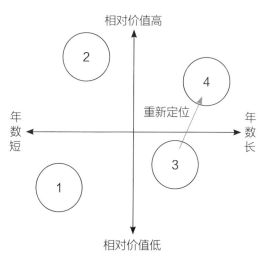

图 4-5　重新定位

阻碍要因

在竞争少、独特的市场中做生意也会有令人意外的阻碍，这也是我见证了数千位创业者的创业过程而体会到的。大家会有两个错误的观点，这种让人深信不疑的观点被称作"心理阻隔"。心理阻隔会让过去所学发挥负面的作用，因此也被称为"负的学习效果"与"心灵刹车"。事实上，这一心理阻隔很多时候会成为定位过程中非常大的障碍。

＜阻碍成功定位的两大心理阻隔＞

1. 与众不同即不好

如果心里觉得和别人不同就是不好的，那就很难积极地去做和别人不同的事。因此，这一心理阻隔很有可能会成为人们定位实践中的一大障碍。但是，潜意识里觉得和别人不同就是不好的创业者其实惊人得多。而大家之所以会有这种潜意识，大多都是因为从小就被教育"要做得和别人一样"。但是，由于这种思维很有可能会成为阻碍成功的重要因素，我们一定要转变观念：和别人不同是件好事。

2. 商场即战场

很多人会觉得"商场即战场，必须全力战斗"。但是，如果以此为前提，大家便会在不战斗的时候感到不安。一味地战斗并不能让人获得幸福感。即使不战斗，商业也能成立、开展。所以，我们一定要记住：做生意需要的是非战斗的胜利。

定位练习

在正式对你的公司进行定位前，让我们一起通过练习来看一看定位的窍门在哪。

如果要开一家烧烤店，你会开一家怎样的烧烤店呢？

作为前提条件，地点已经决定好，眼前也已经有一些普通的烧烤店开起来了。所以，我们需要考虑一下特别的位置。

这里面有很多方法，我们先来看两个例子。如图4-6的定位图所示，纵轴为顾客的性别。普通烧烤店的顾客大多是男性，所以"面向女性的烧烤店"有可能成为独特的、可与普通烧烤店共存的存在。我们也可以想一想另一个例子。这次我们将纵轴设定

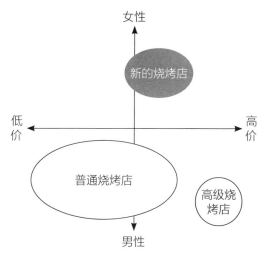

图4-6 烧烤店的定位图

为烤串者的性别。普通烧烤店的烤串者都是男性，如果我们能反着来，开一家店员都是女性的烧烤店，这也有可能帮我们形成一个好的定位。

像这样，找到独特性是有技巧的。接下来，我将为大家介绍3个强有力的技巧。

＜寻找独特性的技巧＞

1. 尝试反对

就像在烧烤店的案例中的"反对普通"一样。一直以来是男性的话就选择女性、竞争对手很贵的话就走低价路线，通过反对，我们很有可能找到独特的市场定位。虽然看起来很简单，但是一旦实践起来，这就是一个强有力的方法。

2. 缩小定位

在烧烤店的案例中，如果我们将顾客限定为女性，整体的市场定位就比普通烧烤店更小，由此也就能获取竞争少的阵地、成为独特的存在。如果我们在此基础上进一步限定年龄层，限定为20~30岁的女性或者是40~50岁的女性，就能进一步获得独特性。

3. A+B（意外的搭配）

即使是普通的东西，如果能和某个特别的要素搭配起来，也能够显示出独特性。还是以烧烤店为例，"烤串＋女性"是令人意外的组合，通过提供搭配烤串的、丰富的白葡萄酒单实现令人意外的"烤串＋白葡萄酒"的组合，也能让我们拥有更高的区分度。

在美国，有一个被称为"摇滚马拉松"的马拉松大赛。通过"摇滚＋马拉松"这一独特的搭配，这个比赛吸引了全美国的很多人参赛。令人意外的搭配的效果往往十分好，所以我们都要动脑子想一想。

世界上有各种各样的行业，我们要养成习惯，用它们来练习，也就是要经常思考"如果要加入这个行业，就应该这么做"。优秀的企业家都有这样的思考习惯。

自身实践

最后，让我们一起以循序渐进的方式来为自身公司设计一下定位图吧。

请利用工作表9和工作表10，按照步骤1→5完成定位地图。

步骤1：在列出直接竞争对手的同时，请大家也列出可作为自身产品替代品的间接竞争对手。比如，对于水瓶制造厂商来说，其他同行业的厂家是直接竞争对手，而从润喉的角度，绿茶和果汁厂商也能成为竞争对手。

步骤2：请写下竞争公司的特征。

步骤3：制作比较表。如工作表9所示，主要是最具代表性的"商品特性、价格、顾客属性"三大比较项，我们先对这三方面的特征进行比较。

步骤4：决定比较轴心，制作地图草稿。这一步大家请使用工作表 10 的"三大轴心"。比较表中的三项（商品特性、价格、顾客属性）可以进行三种组合。

步骤 5：请对竞争对手和自身进行定位。一开始不准确也没有关系，大致在这个位置就行，我们可以通过一次次地修正不断接近准确的定位。

根据三大轴心完成三类地图之后，我们可以从中选出最能代表自身所在市场的状态的轴心，在工作表 11 中为自己绘制定位图。

工作表 12 是重新定位用的表。如果在创业时能提前对重新定位进行思考，那么在竞争增加导致自身独特性消失的时候就不至于慌张。在最开始的时候就未雨绸缪吧。

第**5**章
第 4 个要素——品牌营销

思考认知价值

品牌力诊断

让我们从对自己公司品牌力的简单测试开始吧。请用"√"或者"×"来匹配工作表 13 里 1~10 的公司状态。

如果 70%~80% 的答案是"√"，那就可以说你的公司是有品牌力的公司。如果是刚创业不久，那么可能很难进行这种诊断。请做好准备，把这 1~10 个状态当作目标来经营公司，并期待着有一天能把所有的状态都匹配上"√"。

有品牌力的公司和没有品牌力的公司之间的差别

总体来说是箭头的指向不同。每个公司都存在一个看不见的箭头。有品牌力的公司和没有品牌力的公司的箭头指向是完全相反的。

和工作表 13 一样，没有品牌力的公司不得不到处向外寻求经营资源，箭头是外向的。但是随着品牌力的上升就没有这种必要了。即使不向外寻求经营资源，这些资源也会顺利地聚集过来。这样一来，箭头的指向就变成了内向。箭头的指向就是公司有无品牌力的决定性差别。

公司的经营活动只要正确地进行并积累，总有一天外向的箭头会突然变成内向。这个瞬间对公司来说是被社会认可的证明，对经营者来说是值得骄傲的勋章。迄今为止，我见证了许多公司迎接这个瞬间的到来，我自己的公司也经历过，真的是非常棒的瞬间。我希望更多的创业者能够体会到这个瞬间的美妙。

品牌是什么

品牌的定义有很多，我们从最初的词汇来源来看。一些牧场主养殖了专供国王和贵族食用的家畜，为了能更好地区分这些家畜，家畜被烙印上了标记。比如，"这些牛是××家的，这些牛是△△家的"。因此，品牌可以说是能够被清楚认知的标记。

在经营的 12 个要素中，品牌并不是上述这种一般性的定义，而被认为是引力。因为随着品牌力的增强，经营资源能顺利地聚集过来。

品牌的核心

那么，产生这种引力的核心是什么呢？

为了回答上面的问题，请先问自己以下两个问题。

什么样的公司才能顺利地聚集经营资源呢？
什么样的公司会让您愿意安心地提供经营资源呢？

针对这两个问题可能会出现各种各样的答案，拆解这些答案来探索核心，你就会发现这些回答殊途同归，都指向"不让顾客为难的公司"。没有顾客，经营就无法成立。如果一家公司"不让顾客为难""经常客人爆满"，是不是让人感到安心呢？如果你面对这样的公司，会不会想要一起做点什么呢？会不会产生"给他们提供一些经营资源也不错"的想法呢？

品牌力高的公司，并不指外观好看或者给人印象好的公司，而是"被顾客喜爱的公司""在顾客之上甚至有粉丝存在的公司"。

品牌创建是什么

品牌的核心是在顾客之上打造粉丝的存在。这么一想，品牌创建就是制造粉丝。"怎么做才能让顾客成为粉丝呢？"希望各位能彻底地思考这个问题，然后行动。

音乐家的商业模式

一提到把顾客变成粉丝，你可能会想"这种事是办不到的吧""不可能"。但是，确实有可以实现的商业模式。那就是音乐家的商业模式。音乐家是没有顾客的，只有粉丝。尽管如此，只要他的人气够高也能实现巨大的商业价值。这种音乐家做商业的方法，是我们较易想象的最终的目标，也是模型。

有很多公司，即使不是音乐家，也拥有很多粉丝。例如，迪士尼乐园、苹果公司等就拥有大量的粉丝，实现了商业价值的提升。

请以粉丝爆满为目标来运营公司吧。有粉丝的公司不会有萧条和不景气的时候。

制造粉丝

为了能更具体地获得粉丝，请思考以下这 8 点并执行吧。

1. 你在什么时候会让顾客变成粉丝

让顾客成为粉丝，很重要的一件事就是了解粉丝心理。了解粉丝心理的关键，首先在于思考自己的情况。什么时候自己会成为公司的粉丝呢？是被什么所吸引变成粉丝的呢？请好好地进行思考吧。

能让自己变成粉丝的事物，既是"我想变成的"自我理想姿态，同时也能确认自己的目标姿态，可谓是一举两得。

2. 了解 ABC

在工作表 14 中，明确 ABC。

A= 顾客：明确理想的顾客画像。

B= 商品：必要的商品价值和商品。

B= 自己公司：任务和行动方针的明确化。

C= 评价：想要怎么被顾客看待呢？

音乐家的制作人会战略性地考虑艺术家的认知价值来进行演出。A 设定好将会成为粉丝的群体，C 确定好自己想要被粉丝们如何评价，然后为了获得这种评价，艺术家再思考 B 应该采取怎样的行动。

创业者就是商业的制作人。想要成为制作人，请先思考 ABC。

一般来说，B 需要思考商品，但也应该需要考虑公司自身。之所以这么说，是因为现在的社会正在转变成为商品寿命较短的社会。商品的寿命变短，经营公司时就很有可能要多次重新开发商品和投资新商品。这种情况下，如果只构筑"顾客和商品"的关系，那么新商品就只能完全从零开始被大众认识，因此难以被大众接受。但是，如果同时构筑顾客和公司的关系，公司已经被大众所接受了，那公司推出的商品常常会受到欢迎。如果想要长期运营公司，请做好准备以形成这样的优势。

3. 设定模型

如果比较难理解 ABC 的话，请试着思考一下"××业界的××"。

用工作表 15 来思考其他业界里你喜欢的品牌，把这个品牌的公司作为模型吧。这个公司拥有的要素有哪些？你为什么喜欢这个公司？把这些要素写出来就能更加容易地想象出应该作为目标的 ABC。如果要经营一家居酒屋，把它设定为"居酒屋业界的迪士尼乐园"或者"居酒屋业界的星巴克"等模型，那么不仅能明确该做的事和目标方向，也能很容易地和员工进行模型共享。这是一个强有力的方法，请一定要进行尝试。

4. 首先自己要喜欢顾客

人有一种倾向，容易喜欢上喜欢自己的人。因此，我们首先要喜欢上顾客。然后尽可能地宣告这份喜欢。在商业中，告白是由提供方发起的。

5. 成为"头部"

从"吸引"这一角度来看，"头部"一词有着和吸引相近的含义。因此，大牌企业多被认为是具有领导性的头部企业。那么，头部究竟是什么样的存在呢？所谓"头部"，其原本的含义是"给予的人"。如此一来，大牌企业可以理解为将某种事物给予他人的一种存在。

企业通过贩卖商品来迎合顾客，但如果只能够提供同等价值就不能算作给予。对企业来说，这种情况只能算作合格，但并没有创造出任何让顾客感动的价值，亦无法成为"头部"。

为了成为能够给予的存在，就必须把目标设定为提供超出商品价值的服务。因此，有机会成为大牌的一定是以 101 分为目标并持续达成这一目标的企业。如此不间断地付出给予才可以被称为"头部"，才能够吸引更多的人才和经营资源。

6. 增加接触点

心理学研究表明，人类有"好感度会随着接触次数的增加而上涨"的倾向。这一倾向会导致一个结果：和顾客的接触越多越好。当然这事关一个度的问题，虽然过犹不及，但确实应该尽可能多地创造和顾客接触的机会。

这个时候需要关注的是增加与顾客之间的"不以售卖商品为目的"的接触。人们不喜欢被强行推销，所以如果一味增加以售卖商品为目的的接触，很可能会起到反效果被顾客讨厌。关于如何设计这类不以售卖为目的的顾客接触，将在后文详细叙述。

7. 面向销售的产品推广

如果销售员对品牌没有足够的了解和掌握，就无法获得顾客对品牌的好评。其原因就在于日常与顾客进行接触的正是企业的销售员。顾客把销售员视作企业的代表。顾客会通过销售员的行为举止来推测品牌的水平，所以公司必须对销售员进行品牌化培养。因此，团队建设举足轻重，具体内容会在后文详述，在此首先要理解与品牌树立最为密切相关的大牌企业销售员的首要条件。

成为大型企业销售员的首要条件即"员工需要热爱本品牌"。在大型企业的销售员中，有许多人本身就是本品牌的粉丝之一，非常喜爱本品牌的商品。因此他们对于品牌有着足够的了解和推销的能力。

那对于自家商品并不怎么喜爱的销售员也能够通过推销吸引

顾客吗？甚至是讨厌自家商品的销售员也能为了提供超出商品价值的服务而坚持不懈地努力工作吗？不得不说这确实非常困难。那么接下来思考一下，该如何让销售员成为自家品牌的粉丝呢？

＜让销售员成为自家品牌粉丝的 5 个步骤＞

（1）目标与共情

首先，要让销售员与企业整体的发展目标产生共情。企业的发展目标即为每个人共同的工作目标，全体员工应该朝着相同的方向共同努力。只要产生共情就能够提高员工对企业的忠诚度。

（2）招聘时的注意点

关于招聘的具体内容会在团队建设的部分详述，此处需要强调的是"要招聘能够和企业发展目标共情的人"以及"招聘时不要只看能力"这两点。企业要招聘和整个企业风格合得来的员工。大牌企业似乎都会在培养员工上下很大功夫。实际上也确实是这样，但如果仔细调查的话，会发现他们在培养之外，亦会在招聘（选择）员工上投入大量的精力。他们只会招聘可以从头进行培养的员工。

（3）优秀团队的首要条件

在糟糕的团队中经常存在在优秀的团队中并不存在的一个现象，即"说坏话"。在一个优秀的团队中，互相说坏话这种行为非常少见，特别是不会有人说同伴的坏话。因为大家都明白这是害人害己、搬起石头砸自己脚的行为。团队中一定要禁止互相说别人的坏话。

（4）收集顾客满意的反馈

可以收集顾客赞赏或者感谢的反馈，并在企业内传阅。如果每天都有机会听见顾客这种喜悦的声音，员工就会觉得自己在做着正确的事情，会意识到自家企业也在做着正确的事情。无论多么细微的反馈，都应该收集起来分享给全体员工。

（5）上司应该无条件地关爱下属

如果上司能够无条件地关爱下属，下属也能毫不扭捏地喜欢上自家企业。虽说上司不能溺爱放纵下属，但确实应该拥有一颗真诚关爱下属的心。

8.创造无法忘怀的事物

我们必须意识到的是，顾客的记忆容量是有限的。在这个信息爆炸的时代，没有强烈刺激的话，顾客在绝大部分时间的记忆容量是有限的。所以，必须要在"让顾客记住"上下功夫。在确认工作表16"能够在记忆中留下烙印的因素"的基础上，思考一下下面的两点内容。

（1）第二的悲哀

日本第一高的山是富士山，那第二高的山是哪一座？

日本第一大的湖是琵琶湖，那第二大的湖是哪个湖？

日本面积最大的行政区是北海道，那面积第二大的行政区是哪个行政区？

麦当劳在日本的第一家店是银座店，那第二家店的店名叫什么？

你能回答出上面所有的问题吗？非常遗憾的是人们常常不会记得第二名。所以，能够被记住的关键之一就是要争第一，哪怕是在很小的范围内。

（2）思考出一些无法忘记的事物

让顾客无法忘记的方法，请参考在"CLV 管理"中介绍的牛排店的事例（参见第 117 页）。

品牌推广时重要的 3 个数值

在提高品牌影响力时，有如下 3 个很好理解的指标。可以衡量之后实时监测。

（1）回顾数（已有顾客的平均再次光顾次数）。

（2）顾客生涯价值。

（3）顾客接触次数（一段时期内与顾客接触的次数）。

品牌推广时必要的 5 种能力

前文叙述了关于品牌推广的诸多内容，笔者在此总结提高品牌影响力必要的 5 种能力。

1. 商品质量

这是获得品牌粉丝的前提条件，即品牌推广的前提条件。商品价值低下则无法创造品牌，应该坚持打磨自身产品质量。

2. 说明能力

说明不佳则无法阐明商品价值，认知价值就会下降。无论商品本身价值几何，顾客认知不到则等同于毫无价值。应该坚持锻炼说明能力。

3. 传达能力

就算说明能力出色，如果不去积极地传达信息，顾客也无法认知到（商品的价值）。要时常反思自己是不是在努力传达信息。

4. 团队能力

如前文所说，作为品牌的代表，销售员乃至整个销售团队都需要不断提高自身的工作能力。

5. 做到极致的能力

对一个品牌来说，做到极致的能力非常重要，这是成为大牌企业最初也是最后的手段，即把谁都可以做的事情做到极致，做到不再需要别人去做。虽然谁都可以做，但大多数人不需要做，即每个人都决定好自己的生存领域之后专心于此，把这一领域的谁都可以做的事情做到极致，不再需要他人去做这些事情。

积土成山，品牌就是由不断累积细微的差异而逐渐构建起来的。

第**6**章
第 5 个要素——获客力

8 种获客工具

获客是什么

获客的定义为"顾客对商品产生兴趣并进行询问",即让根本不知道商品的人变得知道、让知道商品的人产生兴趣、让对商品抱有兴趣的人前来询问。

因为本质上是这样的行为,所以简单来说获客就是一种自我介绍。获客是为了让更多人知道自家商品并且产生兴趣,从而面向全社会进行自我介绍的行为。

获客的重要性

"在沙漠里,该用什么来洗碗?"

为了理解获客的重要性,首先需要思考这个问题。说到洗,一般来说都是用水洗,但问题在于沙漠里的水资源并不丰富。那该怎么办?答案就是用沙子。

如果是在沙漠里，就要用沙子来洗碗。对于居住在日本这个水资源丰富国家的我们来说，只会觉得用沙子洗碗反而会越洗越脏，但在沙漠里水非常珍贵，并不能用来洗碗。通过这个问题想要说明的是，水对于我们人类来说事关性命。

接下来再思考下面的问题：

虽然人为了生存必定会去寻找身体必需的水分，但是你一天里用了多少时间来做这件事呢？

可能大部分人甚至从未意识到这个问题。这是因为他们都生活在水资源丰富的世界里。如果我们身处沙漠，没有人为我们准备水源，那情况会是如何？

如果处在那样的环境，人们会使用多少时间来寻找水源呢？恐怕要有八成以上的时间会被用来寻找水源。原因很简单，这件事性命攸关，没有水源人就会死。

之于人类是水，那之于企业是什么呢？答案就是"顾客"。正如人类没有水就会死亡，企业失去顾客就会崩溃。对于企业来说，顾客不可或缺。那么，当问出如下问题时：

为了获得如生命般重要的顾客，贵公司使用了多少的时间呢？

大部分企业都会回答："并未在获客上花费足够多的时间。"也就是说，尽管获客是非常重要的企业行为，大部分企业却没有很好地去做这件事。许多企业苦于客源不足，但其实是因为从根本上他们就没有在获客上花费足够的时间。获客是企业的生命。一定要深刻理解获取客源的重要性，并且不能忘记要在获客上花费时间和精力。

获客的结构

许多企业虽然理解了获客的重要性，但无法开展与其重要程度相对应的企业活动，其原因就在于不确定因素多，获客活动绝非易事。因此，许多经营者为逃避该活动，转而选择进行更为简单的日常业务。但是如此一来，经营者无论多么辛苦努力，都无法获得客源。

为了不陷入这种恶性循环，我们需要明白到底该做什么。首先，只要有了一个大方向，就可以开展行动。关于这一点，需要简单理解的就是获客的基本型三步骤。

＜获客的基本型三步骤＞

（1）曝光。

（2）商品介绍。

（3）询问。

获客活动分为 3 个步骤，具体为：通过曝光增加出现在顾客眼前的机会、通过突出展示自家商品的魅力特色让顾客产生兴趣、吸引顾客来询问商品。

工作表 17 将"获客系统的基本型"做成了示意图，可以通过设计该基本型来开展获客活动。尽可能多地对商品进行曝光、尽可能将商品介绍集中在一处进行、将询问方式收缩在 1~2 种，这些方法很有效率。增加通过曝光而来了解商品观看商品介绍的顾客数量，增加通过商品介绍而来询问商品的顾客数量，企业应该以这两点为目标。

写明内容

考虑到获客的结构化，传达手段必须要有持续性和波及性。口头上的言语具有力量，但缺乏持续性和波及性，即无法持续性地对更多更广的人群进行传达。当然，录音录像也是一种办法，最近也确实有着相关的应用，但最有效的其实是文字。

文字能够将内容传递给最多的人，因为文字具有持续性和波及性。因此，有必要将内容用文字写明。那应该以什么样的文章为目标呢？如内容正确的文章、言辞优美的文章、精密细致的文章、完备全面的文章，各种文章风格各异，但我们应该追求的文章只有一种——那就是会被人读的文章。许多人在写用于获客的文章时不知不觉间犯下的错误，就是以"一定会有人读"为前提来进行写作。读或者不读，选择权 100% 握在读者手中。我们不可能强制潜在顾客进行阅读。这是显而易见的事情，但大部分的人并没意识到这一点。如果以"有人读"为前提进行写作，结局就是大部分人都不会阅读。

因此，在创作获客文章时，首要的就是以"不会有人读"为前提进行写作。在这一前提下，写作时就能够不停思考如何才能吸引读者来阅读。

那么，该如何写出"被人读"的文章呢？我们应该牢记 3 个要点，把文章内容写明。

＜吸引读者阅读文章的 3 个要点＞

（1）文章短小。

（2）内容简单。

（3）内容吸引人。

你会想读很冗长的文章吗？你会想读很晦涩难懂的文章吗？你会想读让人缺乏兴致的文章吗？把自己换位到读者角度思考就不难理解，人们不会想去读冗长、晦涩、不吸引人的文章。

4 个前提条件

正式开始书写用于获客的文章之前，我们要思考 4 个前提条件。如此一来就可以明确文章的书写方向、创作出更打动人心的文章。这 4 个前提条件具体如下。

（1）明确客户群。

（2）自家商品的独特销售语（USP，Unique Selling Proposition）。

（3）理解顾客心理。

（4）大型企业和小型企业的获客战略并不相同。

关于第一点，需要回过头去看一下品牌推广时制定的内容。第二点则是将以商品质量为中心制定的内容总结成 3 个 USP。顾客购买商品是因为它具有特别的价值，USP 指能够把这种特别价值简单易懂地表达出来的标语或是宣传。以主打牛肉盖饭的吉野家为例，他们的 USP 即为"快速、便宜、美味"。在写文章之前，需要先明确"是想要向谁传递信息"以及"有着怎样的解决办法"。

明确了客户群和自家企业的特色之后，接下来要做的重要的事就是第三点"理解顾客心理"。

● 顾客内心深处的苦恼是什么？

● 顾客内心深处的喜悦是什么？

我们要深入地思考这两个问题。

最后必须要思考的就是第四点，大型企业和小型企业获客战略的区别。大型企业可以使用大量预算重复进行曝光和宣传，吸睛的获客文章或是广告词皆是以此为前提写就的。因此，商品哪怕从来没能获得理解和认可也没关系，因为确保了自家品牌或是商品已经为人所知。但小型企业不能用同样的方法。小型企业没有大型企业那种实现连续宣传的资本，知名度也非常低。因此，需要把商品特色总结成看一次就能够记住的宣传信息。

通用语言

接下来，就让我们开始创作获客时使用的文章。首先要介绍的是商品说明的电梯法则。这一内容在"任务"这一部分中也有涉及，即该内容的商品版。

对商品有着精准理解的专业销售员不会进行冗长的介绍说明。他们可以做到在短时间内简洁地把商品的魅力传达给顾客。你会想听既冗长又不得要领的商品说明吗？大多数人都会觉得厌烦。当然，充满热情地去进行商品介绍确实很重要，但要注意不要热情过头而使介绍变得冗长。不要忘记：冗长的介绍绝不是一件好事。

让我们来通过使用工作表18，创作出能够在一分钟内展现出自家商品魅力的台本。"商品说明的电梯法则"是在各种各样的媒体上进行商品说明时的原型，与"任务"一样将其构成分为三段式的话就很好理解了。如果能将此内容在企业内共享传阅，商品说明的平均水准能够得到提升，因此销售业绩也多会水涨船高。

接下来要介绍的是宣传语。从获客基本型三步骤来说，电梯法则是商品介绍部分的原型，宣传语则应用于商品曝光环节。因为可以进行商品曝光的场所有限，所以只能够登载很少的文字数量。因此，我们需要思考能够更加简短鲜明地展示商品的语言表达。如果说电梯法则指的是能够在 1 分钟内完成说明的文章，那宣传语则旨在用 3 秒钟达成这个目标。

宣传语是"吸引读者文章的 3 个要点"浓缩到极致的形态。这时，吸引人是最重要的。在 4 个前提条件的基础上再结合商品说明的电梯法则的内容，让我们利用工作表 19 来将吸引看客的信息内容总结在 15 个字以内。

小型企业的 8 种获客工具

最后，让我们来推广宣传已经创作好的获客文章。

一般认为有 8 种获客工具适合小型企业，让我们来逐个讨论每个工具的使用方法，并构建起一个获客系统。

1. 名片

对于小型企来说，名片就是小型广告牌。我们制作的名片要能让对方明白自己是做什么的。这里推荐对开的名片。对开的名片可以让展示信息的区域翻倍。我们应该活用这些区域来介绍自家企业的商品。

2. 官网主页

官网主页是企业的脸面，大多数的潜在顾客都会在对商品产生兴趣时去查看该企业的主页。此时一定要让他们觉得"这确实是个不错的商品"或者"这确实是家不错的企业"。为此，保证信息的内容量非常必要。首先应该至少写出 20~30 页（A4 纸）的内容来从多个角度展示商品的各项信息。

3. 人脉

人脉也是一个重要的获客途径。虽说并不能因为相互认识就进行强买强卖，但认识的人里说不定就有人对自家商品有需求，抑或是已经认识对自家商品有需求的人。因此，首先应该将其做成列表，列一个人脉清单。

4. 广告宣传

如果可以让报纸、电视、杂志等媒体对自家商品进行宣传介绍，那顾客对商品的认知度将会一口气得到大幅上升。将广告效果换算成宣传费用来考虑的话，就能理解其影响力之大。媒体策略中重要的是，首先哪怕是看起来并不会有效也要去进行尝试，其次需要思考什么是媒体想要的信息。

5. 价格低廉的媒体

一些地区杂志等媒体低廉的广告费，小型企业也能负担得起，因此应该考虑使用。网络技术高速发展起来之后社交网络服务（social networking service，SNS）也成为可以有效获客的手段。

6. 传单

对于餐饮店或是零售业这类区域性很强的产业形态，投传单进周边住户的信箱或是把传单夹进报纸也是有效的手段。重要的是以"不会有人读"为前提来思考并措辞。应该在"让宣传语能一下子吸引看客的眼球"这一目标上多下功夫。

7. 口口相传

口口相传也是一种应该牢记于心的媒体手段。虽然口口相传给人的印象是自然发生的事情，但是优秀的企业会下功夫促进口口相传这一现象的发生。口口相传往往生发于看似多余的某种东西，它可以是商品价值自身，也可以是商品的提供手段等其他的方面。企业应该展示一些与众不同的东西。

8. 商品介绍

不再需要获客的状态是经营活动的最终目标，为了达成这个状态，一个重要的因素就是商品介绍。以"顾客会自发招引来其他顾客"这一状态为目标，我们应该制定一个介绍制度来让顾客更容易地去自发介绍自家企业的商品。

请使用这 8 种获客工具，在工作表 20 中创作一个获客系统。

商品目录等也被认为是工具的一种，但在刚开始创业时，官网主页更有优势。优势有两点：第一点是便于修改，其原因在于创业初期的商品说明会逐渐地发展变化，而对商品目录等印刷品的内容进行调整却非常困难；第二点是便于查看，比起商品目录，官网主页的波及效果更值得期待。具有以上优势的官网主页的机能更为优秀，因此被广泛采用。尽管如此，如果目标顾客是信息技术（IT）使用能力较低的群体，那商品目录就会成为非常重要的工具，需要对其综合进行考虑。

第 **7** 章
第 6 个要素——客户跟进

五大渠道

潜在顾客追踪的定义

潜在顾客追踪是指促使对商品有兴趣但尚未购买的所有潜在顾客进行实际购买的活动。并不是强迫购买，而是根据潜在顾客所在的阶段，制定出能够在保持合适距离的基础上一点点地促使其自发地提高购买欲望的机制。

那么，该如何才能让潜在顾客自发地想要购买呢？为达成这个目标，我们要做的事情存在两个可能的方向。第一个方向是"让潜在顾客产生兴趣"；第二个方向是"与潜在顾客建立信赖关系"。

让我们以这两个方向为目标来设计潜在顾客追踪的机制。

潜在顾客追踪的重要性

潜在顾客追踪是原本非常重要但却经常被忽视的经营要素的代表。

潜在顾客追踪虽然说起来普普通通不引人注意，但却是能够给经营能力带来巨大影响的重要因素。尽管如此，许多创业者并未意识到其重要性，也没能做好追踪。相较于很好地做到了潜在顾客追踪的企业，在这方面的不同表现最大限度地导致了双方业绩的差距，对此一定要注意。

潜在顾客追踪的重要性和获客力的重要性是一样的。对人类来说，水的重要性关乎性命。如果没有水，人就会死亡。对于企业来说，"水"就是顾客。如果没有顾客，企业就会倒闭。但是，我们并不是处在富含水资源的状况下，企业也并不是处在可以简简单单获得顾客的环境中。我们生存于仿佛没有水的沙漠一般的世界里。同样，顾客并不是简简单单就能获得的。正因如此，哪怕是只对商品产生了一次兴趣的潜在顾客，也一定要对他们非常重视。然而，以现实中的经营现场来说，潜在顾客不受重视的程度令人惊讶。多数的情况是销售人员仅对马上就可以进行购买的实际顾客投入精力，而对需要花些时间的潜在顾客不管不顾。

在沙漠里发现了水源却不仔细保护的话，它马上就会干涸消失。这在经营现场也是一样的。对通过获客活动招徕的珍贵的潜在顾客不管不顾的话，他们就将不再是潜在的顾客了。所以追踪非常重要。

没能做到潜在顾客追踪的企业的状态，就如同是辛苦地从井里打到了水，但在运输途中洒掉大半，水被白白浪费。如此一来经营效率变低也是理所当然。反过来说，成功做到潜在顾客追踪的企业就不会把打起来的水洒出去，并且会把尽可能多的水运送到需要的地方，因此经营效率就会提高。所以，多数能做到潜在顾客追踪的企业的收益率一般会很高。而且，因为顾客跟进做得很好的企业广受信赖，所以他们不仅能够让许多潜在顾客进行实际消费，将其发展为回头客的概率也大幅提高。结果就是获得顾客的成本低的同时顾客生涯价值很高，因此能够成为能获得压倒性高收益的企业。

如果目标是成为高收益的企业，就要一丝不苟地去执行许多企业忽视的潜在顾客追踪。我们要对与潜在顾客保持联系这件事高度敏感。

潜在顾客追踪的组织化

你知道欧洲输油管线有多长吗？水道管线等更是精密细致地遍布欧洲各地。如此程度地铺设管道，原因为何？理由非常简单直接：重要。因为重要的东西需要稳定的供给，所以需要进行组织化。对于企业来说，重要的就是顾客。因此，将潜在顾客导向实际购买的"管道"非常必要。

为什么组织化很有必要？原因之一当然是因为有"重要的因素都需要配合一个机制"这样的原则，但潜在顾客追踪的组织化还有一个很重要的原因。那就是不以个人为依托而是进行组织化可以做到与顾客保持一定的距离。

潜在顾客追踪的要点还有一个是不能和顾客过于接近。重点是保持一个推销色彩并不浓厚的顾客接触。通过组织化能够自然地保证距离，压迫感也更轻，所以能更容易地构建起一个很自然的关系。

五大渠道

只有一个渠道的话风险太高。为了保证一个渠道失效时其他渠道也可以运转，应该准备多个渠道。我们应该至少设计并构建5个渠道。

下文是对小型企业很有效的 12 个潜在客户追踪的案例。虽然对于不同的行业类别和形态，有效的潜在客户追踪方法各不相同，但从零开始构建独创的机制并不是一件简单的事，我们可以参考下面列举的例子先将基础部分设计出来。每种渠道都可以用少量的投资来实现，请从中选择 5 种，利用工作表 21 来分别进行设计。

< 小型企业的 12 个潜在顾客追踪案例 >

1. 感谢信、邮件

指发送给初次见面或是初次进行联络的潜在顾客的感谢书信。最近发电子邮件也很方便，不过有许多人仍在使用纸质书信。哪怕只加一句亲手书写的话语，就会给人一种充满心意的感觉，进而稍微拉近和对方之间的距离。其效果之强，从许多书都讲述了通过实践这种方法提高经营业绩或是企业效益这一点就可见一斑。这个方法堪称重视人际关系的人获得成功的范本。

2. 业务简讯

指以月刊或季刊形式发行的十页左右的报纸。比起真正的贩卖商品，更多的是将内容集中在让读者了解"这是家什么样的企业"或"有着什么样的商品"。能让读者了解到有用的信息或独特的信息也很有效。因为其目的不在于贩卖商品，所以关于商品的信息占全部内容的三成较为合适。

3. 电子邮件宣传册

发行业务通讯需要印刷、派发等过程，既费工夫又费钱，因此，如果潜在顾客是日常使用电子邮件的群体，可以发行电子邮件宣传册。虽然内容和业务通讯相同，但多数场合适合以周刊频率发行。其效果之强，甚至有企业只通过该方法就实现了巨大的商业规模。

4. 季节贺卡

指每个季节进行发送的书信。虽然贺年卡和暑期问候卡也属于季节贺卡的一种，但如果和这类贺卡一样（时间发放）的话，许多人都会在同一时间收到大量的贺卡，多数情况下都不会留下深刻的印象。所以，要稍微错开时间发放。推荐愚人节贺卡、七夕贺卡或圣诞节贺卡等。

5. 博客

当接触到他人的私人信息时，人们会有亲近感，并且会拉近和对方之间的距离。因此，擅长构建人际关系的人哪怕在职场上也会适度地透露给他人一些自己的私人信息。而博客就是能够一次性地把个人信息传递给更多的人的平台。"他是什么样的人"或"他们是怎么样的企业"，可以以每天一次或是一周数次的频率在博客上更新这些主题的内容。

6. 小册子、商品目录

指能够很好地介绍商品价值的几十页厚的书。其内容要便于理解地、充满吸引力地将自家商品"有什么样的价值"以及"能够解决什么样的困扰"展现出来。其最理想的程度就是可以通过一本书了解到有关商品的一切。

7. 礼物策划

每年策划几次送礼的活动。这一方法既可以加强客户跟进环节，又可以通过"请留言参加"的形式了解顾客的心声。虽然也可以采取问卷调查的形式，但是考虑到只是送一些小礼物，我们不应让顾客承担过重的交换条件。

8. 社交网络服务

社交网络服务和博客基本都是传播更私人的信息的手段或平台，但与博客相比，社交网络服务［脸书（Facebook）[①]、推特（twitter）等］的特征是双向性更强。这种双向性媒体更注重与对

---

① 2021 年 10 月 28 日，脸书的首席执行官马克·扎克伯格宣布，脸书更名为"Meta"，源于"元宇宙"（Metaverse）。——编者注

方的距离，有其便利的一面但使用时也必须注意隐私问题。

9. 活动

将举办活动作为与顾客的连接点，而不以销售为目的。赏花大会、烟花大会或是圣诞节派对等都可以。主要目的有两个：一个是与潜在客户实际见面交谈、建立关系；另一个是把存量客户介绍给潜在客户。因为潜在客户可能会有不放心的地方，有和存量客户接触的机会比较好。规模在几十人到一百人比较合适。

10. 问候电话

"你最近好吗？"像这样不经意地与对方电话联系。这和企业营销时经常用的"我刚好在附近所以顺路过来了"是差不多的。这种感觉是在闲聊，而非以销售为目的，如果能提供对对方有用的信息或者新信息就更好了。不论怎样，闲聊的对话不要过长。

11. 邮件汇报现状

在发生较大变化时进行。用书面文字表达时容易给人留下深刻印象，因此很多时候用邮件传达正合适。在新商品发布、更新或者公司发生变化等时候，请更多地向顾客表达想法，而不是发送普通的公告或指南。

12. 午餐会

午餐会比一般活动规模更小，可以进一步拉近和潜在客户的距离。晚餐和酒会稍显正式、分量稍微重些，午餐会对对方而言更轻松一些，可以定期进行。每个月一次应该不难吧。

投资组合化——S 线和 J 线

搭建潜在客户的运输管道的最后一步是组合化。潜在客户的维护方法如图 7-1 所示，从频率和距离感两个角度可以大致分为 4 种，编号从①到④。距离感指的是从潜在客户的角度出发，与商品提供者之间的距离感觉。越是个人化的方法越让人感觉距离很近。必须注意的是，不要在一开始就使用让人感觉距离很近的方法或者频率很高的方法。从一开始就使用这样的方法会破坏和顾客的关系。请记住要尽可能自然地一点点逐渐拉近距离。

最开始从频率低、距离远的第①类方法开始。不要突然用有压迫感的方法，从距离较远、频率较低的方法开始。接下来是第②类

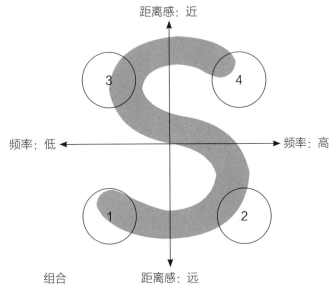

图 7-1　追踪潜在客户的 S 线

方法，在保持距离的同时提高频率。第①类方法起到的是开头的作用，往往一次或者几次就结束了。第②类方法则是尽可能持续开展。

之后，在通过第①类和第②类方法向顾客提供了各种各样的信息的基础上，看准时机采用第③类距离感较近的方法。在此期间，也有介于②和③之间的维护客户关系的方法。这个顺序连起来就像倒着写一个"S"，按照这个顺序去做，与潜在客户的摩擦最少，可以以非常轻松的形式开展与潜在客户的关系追踪工作。请把这个顺序当作"追踪潜在客户的S线"去记忆。

图7-2形象地展示了"追踪潜在客户的12种方法"中每一种方法属于哪一个位置。请以此作为参考填写工作表22，设计在自己公司实践的潜在客户跟进流程吧。

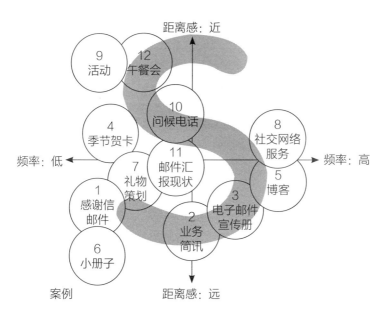

图7-2　追踪潜在客户的12种方法（A）

另外，也可以像图 7-3 这样，从频率和商业色彩这两个角度进行组合。这种情况下，最开始从商业色彩最浓厚的方法开始，逐渐降低商业色彩、提高频率，按照④→②→①的顺序，像写字母 J 一样追踪与潜在客户的关系，与潜在客户的摩擦最小、压力最小。请把这个顺序当作"追踪潜在客户的 J 线"去记忆。

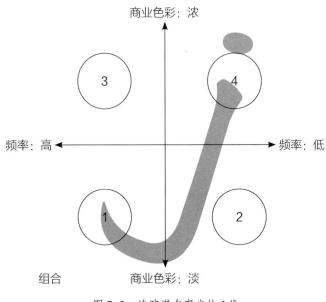

图 7-3　追踪潜在客户的 J 线

请参考图 7-4，填写工作表 23，设计在自己公司实践的潜在客户追踪流程吧。

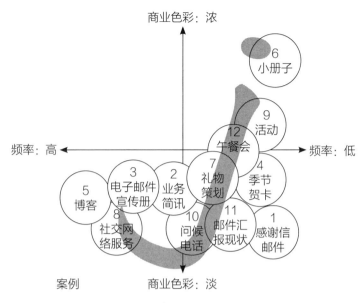

图 7-4　追踪潜在客户的 12 种方法（B）

清单化和时机

在开展潜在客户跟进工作时，必不可少的是顾客台账。

顾客台账非常重要。在过去，商人采用不易燃烧的材料制作顾客台账，如果遇到火灾则把顾客台账扔到水井里保护起来。因为他们知道，就算一切都被烧成灰烬，只要顾客台账还在，他们的生意就还能东山再起。即便到了现代，顾客台账的重要性也没有任何变化。由于意识到顾客的清单化非常重要，很多公司都有自己的顾客台账。

但是，这里有一个很大的误区。那就是很多公司把顾客台账仅仅当作存量客户的列表。当然，哪怕只是列表也很重要，但如果想要全面提高营业能力，需要把顾客台账的范围想得更宽一些。首先，把潜在客户阶段纳入顾客台账，进行清单化（工作表24）。然后把顾客台账按照顾客的不同阶段进行分类，方便根据不同阶段的特点接待顾客，至少按以下4种情况分类，建立可以确认顾客阶段的台账。

1. 全部清单

有联系方式的全部清单。范围广泛，包含将来可能成为潜在客户的顾客，如交换过名片的人、交易商家等。

2. 潜在客户

指来咨询过、感兴趣的人。

3. 存量客户

把已经购买过商品的客户按照购买频率或者累计购买金额排序。

4. 贵宾

购买多次的老客户、介绍其他顾客的大使级客户。

使用潜在客户跟进方法的主要台账是上述的第一点和第二点，但如果想要全面提高营业能力，请按上述的第一点至第四点分类，建立顾客台账。

第 **8** 章

第 7 个要素——无声销售

从销售行业到运用支持行业

销售的定义

销售指的是让正在考虑是否购买的潜在客户去购买的行为。在这个阶段，顾客首次诞生，产生销售额。严谨地说，如果在提供商品和收取费用之间存在时间差，那么我们不能说售卖的工作结束了。但在这里，我们把定做、申请或是签订合同等，潜在客户明确决定购买的想法的时间点，当作销售成立的时间点。

容易出现的两种误解

请看图 8–1 的漫画。

请把漫画当作销售现场，思考以下 4 个问题。

（1）猫是谁？

（2）放在地面上的是什么？

（3）弹吉他的人是谁？

（4）我们从漫画中应该学习什么？

图 8-1　销售现场漫画

　　猫对放在地面的东西感兴趣，因此向它靠近。但靠近后听到吉他的声音被吓了一跳，跑远了。重复几次后慢慢地离开了。这就是漫画的内容，非常有趣，而销售现场也发生着同样的事情。在销售现场，猫代表的是潜在客户。放在地上的老鼠玩具是商品，而弹吉他的是销售人员。

　　从漫画我们应该学习的有如下两点。

（1）引起警戒心理。

（2）从一出现即决定成败。

　　漫画里弹吉他的人在瞎胡闹，但现实中的销售人员和他们不一样，是在认真做自己的工作。而拉近距离的方法是以自己为中心，没有计划，这样往往会使潜在客户产生戒备心理。结果导致客户不购买，潜在客户流失。

潜在客户基本都有想要购买的想法，多多少少应该对购买商品有兴趣。因此他们和视频里的猫一样，想要了解商品，打算靠近商品提供者。但让潜在客户跑远的，其实正是提供商品的销售人员。销售人员会破坏和潜在客户的关系，有潜在可能性的客户在购买前就离开了，也就是商品卖不出去。

销售人员之所以会有这样的做法，是因为他只站在自己的角度考虑问题。如果不重新审视这一点、不改变的话，可能自己越努力工作，对方越容易逃离。因此，首先请你站在顾客的角度重新审视销售行为。站在对方的角度考虑是建立良好人际关系的基础中的基础，在销售关系中也应该这么做。

请在工作表 25 中写出你不喜欢的销售行为和接待方法，并把这些内容总结为"让人不想购买的 5 种销售行为"作为销售工作的自勉。然后，在销售时避开这些雷区，就能建立让自己和顾客都心情愉快的良好关系。

请把以下 8 项内容当作确认清单使用。

<被客户讨厌的 8 点>

（1）不提供合适的信息。

（2）无法把握需求。

（3）时机不当。

（4）一味推销。

（5）过于主观，毫无客观性。

（6）无法共情。

（7）没有热情。

（8）外表和态度令人不快。

己所不欲勿施于人。这也是建立良好人际关系的基础，但在从事销售工作时容易忘记这一点。因此，只要能时刻遵守这个基本原则，就能建立信任。

最好的销售人员是怎样的

你想从做事让你讨厌的人那里买东西吗？

这个问题只要从顾客的角度出发就能想明白。你会喜欢做事让你讨厌的人吗？如果对方做的事情都让你讨厌，你还想和他建立人际关系吗？这些问题的回答都是否定的。同样的，世界上大多数人都不会想从做事让人讨厌的人那里买东西。

我们推崇的销售做法不是单纯以售卖为目的，而是在建立良好的人际关系的过程中销售商品。因此，必须清除让顾客讨厌的事物。在销售现场，多数顾客讨厌的是什么呢？是被推销的时候。

人们讨厌被推销，因此最好的销售形式之一是不推销、自然地卖出商品。为实现这一目标，应该采取的销售方法是无声销售。无声销售最重要的内容是明确改变传统型销售的立足点。传统型销售立足于销售方，销售时考虑的是如何售卖。但是，无声销售立足于购买方，销售时考虑的是如何购买更方便。也就是说，传统的销售方式立足于销售方而无声销售立足于购买方。

从这个差异出发，用一个词来总结无声销售，那就是"购买支持行业"。如果你把它当作购买支持行业而不是销售行业，销售就从根本上被改变了。然后销售人员能够在与顾客建立良好的关系中开展销售活动。

潜在客户应该对商品感兴趣，与其向其施压企图卖出商品，不如彻底地思考怎样能让顾客更简单方便地购买、怎样才能让顾客决定购买，为潜在客户把影响决定是否购买的一切障碍扫清。

购买支持行业必须思考如何让顾客更简单方便地购买，为了解决这个问题，必不可少的是揣摩顾客心理。经营活动本身就是和顾客建立关系，如果不了解顾客，经营活动自然也无法开展。

销售时首先应当知晓的是顾客买东西时的心理既快乐又恐惧。人们可以通过购买这种行为获得某种价值，因此令人心情舒畅。但为了获得这些价值，必须付出对等的金钱。

从本质而言，钱和储备食品一样。如果没有钱，人们可能吃不上饭。"不想挨饿"是一种根本性的需求，一旦得不到满足人们会产生强烈的恐惧感。因此在买东西的时候往往是快乐和恐惧两种情感在做斗争。销售人员必须深刻理解顾客的这种心理。那么，我们购买支持行业的从业者应该做的是，试着思考恐惧的心理从何而来。

恐惧通常来源于未知。

——拉尔夫·沃尔多·爱默生（Ralph Waldo Emerson）

是的，恐惧是从不了解的事物中产生的。因此，我们应该让顾客更了解商品。顾客克服恐惧决定购买，需要我们提供必要的信息。因此无声销售并不意味着沉默。这里的"无声"指的是没有噪声（令人厌恶的声音），静静地然而又确确实实地，在适合的时间为潜在客户提供必要的信息。基于这个含义，无声销售也可以称为"信息提供业"。

像这样思考顾客心理，你会发现顾客决定购买前销售人员只需要做3件事。

（1）让顾客信任销售人员。

（2）给顾客准确的信息。

（3）悄悄地鼓励顾客。

如果站在顾客的角度会很容易理解，大多数顾客在决定是否购买时都是迷茫的。这种时候买方希望对方做的就是以上3点。

因此，如果销售人员能做到这 3 点，买方就容易做出决定。这样顾客购买的概率会大幅上升。

销售的 8 个步骤

请把顾客希望销售人员做的 3 件事放在心上，具体地看销售活动的步骤。可能有的顺序前后相反，但为了更简单地让顾客决定购买，可以考虑以下 8 个步骤。这 8 个步骤在平常的销售中也完全可以使用。

1. 事先提供信息

在正式开始销售前，把自己公司的商品的特征、与其他公司商品的差异等信息事先放在主页或商品目录中展示，这样可以让销售更顺利。

2. 留下印象

关于消费者行为学等领域的研究发现，人们从给人印象良好的销售员手里购买商品的概率更高。请销售人员留意外貌或言行等方面，给人留下诚实、清爽的印象。

3. 建立信任

对顾客而言，比起买哪个商品，从谁那里购买往往是决定是否购买的更重要的因素。请销售人员和顾客建立信任关系，让顾客感到"这个人或公司让人放心"。另外，存量客户的喜悦之声、权威人士的推荐等都有利于构建信任。

4. 需求的表面化

很多潜在客户对于自己为什么要购买某种商品感到非常模糊。在这种状态下决定购买既要花费时间，还需要有勇气。请提供更多信息给顾客，让他们更深刻地感受到需求。

5. 提供解决方案

在顾客的需求表面化之后，可以将介绍自己公司的商品作为解决方案。请明确说明为什么自己公司的商品可以消除顾客的烦恼、满足其需求，让顾客接受这个说法。有很多销售人员没有使顾客的需求表面化，只是一味地提供解决方案，需要注意这样很难打动客户的心。

6. 明示具体的第一步

如果销售人员没有明确顾客想要购买的时候首先应该做什么，那么潜在客户只要有一点点犹豫，就会推迟购买的行动。这对顾客及商品提供者都不是一件好事，因此，请销售人员明确顾客应该怎么做，并构建顾客容易行动的机制。

7. 提示注意事项和理由

在从事销售活动时，我们当然希望顾客买东西，因此容易有意地不告诉顾客诸如购买商品时必须注意的地方等负面信息。但是，这可能导致在顾客购买后无法和顾客建立良好关系，因此请把注意事项列成一个清单，告诉对方。另外，不要忘记提供一些购买的理由，悄悄地鼓励顾客购买（理由的相关内容在后面会详细探讨）。

8. 回到潜在客户追踪的循环

顾客在当时没有决定购买，并不只是因为商品不够好。有时只是时机刚好不对。因此，请回到追踪潜在客户的阶段，继续追踪与客户的关系。

请在工作表 26 里确认自己公司的销售流程中是否有以上步骤，明确在各个步骤应该做什么并付诸实践。哪怕实践一个步骤也能实实在在地提高顾客购买率，但这些步骤联系在一起时能把乘数效应发挥到最大，顾客的购买率也能显著提高。

通过以上 8 个步骤，想必你会发现，其实无声销售的大部分内容都是在追踪潜在客户的阶段实施。因此，如果从招揽客户到追踪潜在客户的阶段充分开展活动，那么在销售阶段可以什么也不做，有很多这样的案例。

不需要销售的方法，是无声销售的目标之一，也是其精髓。不过最后还有一件应该做的事情。那就是悄悄地鼓励潜在客户，推他们一把。

就像前文提到的，购买这种行为是令人快乐并恐惧的。因此，潜在客户在决定是否购买的最后关头是希望有人来鼓励他们。但千万不要大力敦促顾客购买。否则会形成反作用，增加恐惧感，可能导致顾客最终决定不购买。

那么，要如何悄悄地鼓励顾客呢？只需给犹豫是否购买的潜在客户提供他们需要的东西就可以了。那就是买东西的理由。由于顾客在购物时支付相应的金钱会产生挨饿的恐惧，那么顾客必然会担心购买这件商品是否会出问题。所以潜在客户一定会思考不买东西的理由。这是出于防守的本能，没有什么办法。但潜在客户也是有购买想法的。为了支持他们，我们只需要提供信息，把不想购买的理由转变为购买的理由。只要我们能给出"买这个没问题""这个应该买"的理由，潜在客户做购买的决定就会变得特别容易。

请在工作表 27 中列出潜在客户可能会考虑的，或者是实际经常说的不买的理由，再列出把这些不买的理由变成购买的理由的说明方法，形成"应对理由的清单"。这也是在实际销售中强有力的工具，实施这个方法的公司一定会收获成果。

商品卖不出去的 4 个心理原因

你能想出很多商品卖不出去的理由，但我通过观察众多创业者发现的出人意料的理由，是和卖方的心理状态（精神）有关。很多人对销售有着错误的理解，这往往会成为销售的刹车。

如果有这样的刹车，即便你想要努力踩下油门，但同时也是踩着刹车的状态，那么你无法全身心地投入销售工作中。创业初始阶段的销售工作并没有简单到凭着踩下刹车的状态下的能量也能渡过难关。

因此，虽然本书在技术层面的内容比心理层面的内容更多，但很多不知道上述事实的创业者在为商品卖不出去而烦恼，所以我希望你对此有所了解。

解决心理障碍的方法有两种。

第一种是知晓它的存在。因为想要消灭不存在的东西是很难的。很多人没有意识到存在心理障碍，也没有办法去应对，这就是心理障碍最难处理的地方。所以，首先要知道心里有像刹车一样的心理障碍。

第二种是在知晓心理障碍的存在后，放下一直以来深植于心中的想法，修改为正确的意思。这叫作重构（重新定义）。放弃原有想法并不简单，多多少少需要花费时间，但这关系着经营的根本，所以请努力解决吧。

<心理障碍 1>

认为"卖东西＝坏事"。

对卖东西怀有罪恶感的创业者真的有很多。因为原本买方对购买商品有着防御的本能，另外由于很多人经历过一些不甚巧妙的销售，因此卖东西这件事没有得到社会的肯定。但是，从本质而言，卖东西并不是一件坏事。销售人员是在把必要的商品在必要的时间交给必要的人。只要按照合适的流程实施，销售工作是一件是令人感激的事情。

重构：销售工作是一件好事，请全面肯定卖东西这件事。

<心理障碍 2>

认为"商品＝为了卖出去的东西"。

你是不是从狭隘的角度去理解商品？如果把商品仅仅看作是"为了卖出去的东西"，那么卖出去就成为唯一的目的。当然把东西卖出去赚到钱也很重要，但商品还有其他的重要作用，那就是帮助顾客。商品不是为了卖出去而存在的，而是为了帮助人们而存在的。你是因为不得不把它卖出去所以才销售它，还是因为你觉得它对人类有帮助所以你销售它？两种动机不同，它的持续能力是不一样的。

重构：因为商品对人有帮助，所以我们销售它。

＜心理障碍 3＞

认为"遭到拒绝＝人格的否定"。

商品遭到拒绝是很痛苦的。我们会感到好像自己被否定了。但事实不是这样。潜在客户只是说不需要商品，并没有否定你的人格。销售工作有一部分在某种程度上是必须基于"即使失败也要试一试"的想法去行动的，但如果有这种心理障碍，就会感到害怕导致无法增加行动量。这是因为谁也不希望自己被否定。这样一来行动的数量会减少，成果自然会受到影响。

重构：遭到拒绝的不是自己而是商品。

＜心理障碍 4＞

认为"顾客＝敌人"。

有很多销售人员把顾客当成要去攻打的敌人。但这是真的吗？当然，为了让顾客购买商品我们需要想很多办法，但没有必要对顾客怀有敌对意识。顾客和商品提供者的关系是难以分割的整体。请你重新审视自己，是否在和顾客斗争？缘分难得，"两相情愿"地工作心情会更好，工作也会顺利。

重构：顾客是伙伴。

请在工作表 28 中确认自己的心理障碍的状态。人很难为得不到肯定的东西而奋斗。请跨越心理障碍，全面肯定销售活动吧。

打开心扉的 6 把钥匙

就像在"心理障碍 4"里提议的那样，没有比"两相情愿"地工作更好的情况。那么，为此需要做什么呢？

在《第 4 个要素——品牌营销》部分也确认过，人们倾向于喜欢对自己表达好感的人。因此，重要的是自己首先对顾客表达喜爱。这是打开顾客心扉的第一步。除此之外，还有其他打开顾客心扉的钥匙。特别是在销售一线，一般认为有 6 把钥匙。

1. 共同点

和客户有共同的兴趣爱好、从同一所学校毕业、有共同的朋友，应该有很多人通过这些话题和顾客拉近了距离。共同点是通往伙伴世界的通行证。这在商业环境中也是一样的。去寻找和顾客的共同点吧。找到之后你们的对话也会变得自然起来。

2. 不推销的态度

在顾客看来推销是具有攻击性的。因此，如果你对顾客开展推销，客户也会进入战斗准备。这样开始的话，销售人员在起步时就处于相当的劣势，因此最好不要展示出有推销意味的态度。

3. 客观性

自己公司的产品再怎么好，如果顾客认为不合适，也难以说服顾客购买。另外，如果产品既有优点也有缺点，不要只说优点，也要说明它的缺点。这样介绍越客观，越容易取得顾客的信任，最终顾客越有可能购买。

4. 第三方证明

人们对自己的判断没有信心。因此如果有他人的评价，人们会作为参考，同时才会放心购买。向客户传达别的买家或者专家等本公司以外的人的声音吧。

5. 对自己公司的热情

如果销售员不喜欢自己公司的产品，你还会想从他那儿购买吗？员工对自己的公司有热情，说明他信任本公司的产品。如果你想获得客户的信任，首先你要发自内心地喜欢自己公司的产品。

6. 不靠理性靠感情

人不是只靠理性来决定行动的。这一点只要回想自己作为顾客的场景就很清楚了。不要只用理性来说明，想一想打动人心的表达方式。

决定购买行为的机制

在消费者行动学领域，针对顾客是如何决定购买的，开展了多种多样的研究。其中有一个机制希望你了解，那就是人们往往依靠感情决定是否购买，购买后依靠理性来说服自己。

尽管如此，很多卖家依旧试图只用逻辑去说服顾客。当然，这也没有错。但在《打开心扉的6把钥匙》小节中的第6点说明的那样，我们不是只靠理性来决定是否购买的。事实上，最后往往是感情来决定。因此不能满足于单纯依靠逻辑来介绍产品。

悄悄鼓励顾客的 5 个小道具

那么最后我们来确认一下引发顾客情感的悄悄鼓励的方法。虽然不能过度使用，但是当作小道具灵活使用，可以收获很好的效果。

1. 限定

人们难以抵抗"限定"两个字。你有没有过因为听到"只有你才有""特别准备"而感到很喜悦的经历？这是因为你感到自己被特别对待了。虽然从广义上来说，限定也包含了稀缺性和时间限制，不过请想一想用"限定"这个关键词来悄悄鼓励顾客的方法。

2. 稀缺性

我们大多数人会被稀缺的东西所吸引。听到"只剩""限定产品"，哪怕是同样的产品，人们也会感觉更有魅力。钻石具有价值并不是因为它闪闪发光熠熠生辉，而是因为它稀有。人们会从稀缺性本身发掘出价值。因此可以考虑适当控制供给来展现商品的稀缺性。

3. 时间限制

如果没有时间限制，人们会永远迷茫下去。因此设定时间限制很重要，比如，明确"到××天××点为止"等。限定产品和限时促销等方法之所以有效果，是因为设定了时间限制。

4. 先给优惠再打折

比起得到，失去更让人感到痛苦。也就是说，同样的东西，比起得到的喜悦，失去的痛苦影响更大。因此，先给顾客提供优惠，到了时间期限之后，给顾客的优惠会失效，这样的方法很有用。设定期限的打折券等促销方法之所以有效，正是由于这样的心理在起作用。

5. 大家都在买

"大家一起攀岩就不害怕"，这虽然不是什么好的说法，但犀利地表达了我们的心理。因为很多人在买东西的时候会迷茫。人们不希望只有自己买亏了。因此，还有别的人在购买，这成为最能打动人心的因素。

第9章
第8个要素——CLV 管理

提高顾客的生涯价值

粉丝化的定义

粉丝化的定义是"让已购买的顾客与自己持续相处的行为"。想要让购买过的顾客购买不止一次，如建立起两次、三次持续重复购买的关系，这需要建立维护存量客户的机制。一般称为回头客机制或者老客户机制，但在"经营的 12 个要素"里称为粉丝化或者 CLV 管理，这是销售四大领域的成果。

创业初期是从完全没有客户开始的，因此，招揽客户、跟进潜在客户的优先度更高，但正是因为创业初始的经营资源较少，才更要重视为数不多的客户，让他们持续购买，这被置于"第二种获客手段"的重要地位。

什么是 CLV 管理

如图 9-1 所示，CLV 是 Customer Lifetime Value 的缩写，指

的是客户生命周期价值。客户生命周期价值指的是"一名客户产生的所有附加价值销售额"。将这样的客户生命周期价值进行"把握、管理、延展"的行为称为 CLV 管理。

图 9-1　CLV 管理

CLV 管理的重要性

"是不是变成了放火烧山的原始农业？"

面对没有形成维护存量客户流程的公司，为了让他们认识到维护存量客户的重要性，我会向他们抛出上面这个问题。就像这个问题象征的那样，没有维护存量客户的公司对销售存在两个错误的认识。

＜开展"放火烧山"式销售的公司的两个错误＞

（1）客户买完单就结束。

（2）不给钓上的鱼喂鱼饵。

在"放火烧山"式销售风格的公司，销售人员"卖出手就结束"的思维根深蒂固，对一名客户卖出过一次商品就到此为止。由于销售人员有这样的想法，他们丝毫不把存量客户放在眼里，认为存量客户是已完结的客户，他们专注于寻找一个又一个新客户。由于他们没有把持续相处作为开展营销的前提，营销方法往往不重视维系与客户的关系，很多时候产品卖出后他们与客户的关系不佳。

此外，很多公司也有"不给钓上的鱼喂鱼饵"的思维。就算不是有意识地这么做，但维护存量客户的意识淡薄，现实是没有形成维护存量客户模式的公司数量居多。回头客理所当然会越来越少。

很多创业者知道"放火烧山"式的销售风格没有光明前景。尽管如此，很多公司却没有形成良好的维护存量客户的流程，这是因为他们没有深刻理解其重要性。在销售领域，可以把公司和客户的关系比作人和水，有时造成沙漠状态的其实正是经营者自身。

你认为高收益业务的利润是从哪里来？图 9-2 浅显易懂地解答了这个问题。

客户从潜在客户到购买再到成为粉丝（回头客），分 3 个阶段逐渐升级。潜在客户的阶段虽然没有产生销售额，但公司需要花费广告宣传费等销售费用，因此公司的利润是负数。客户付费购买才开始有赢利的可能。但是，在这个阶段如果从销售额中减

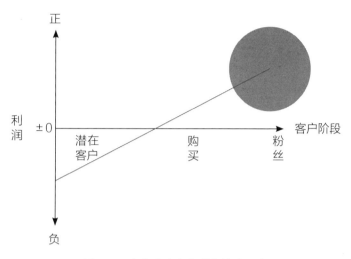

图 9-2　高收益业务的利润从哪里来

去成本价以及获客成本，往往无法获得较大利润。真正产生利润
是在客户购买两次以上。为什么呢？因为比起为了创造新客户而
花费的获客成本，维系客户的成本要低得多。高额利润是从购买
两次以上的存量客户（回头客）身上来的。因此，请深刻认识维
护存量客户的重要性，把提高客户生命周期价值的活动组织化，
不要"放火烧山"，去建立利润农场（profit yard）吧。

当然，有的商品回购频率比较低。但是如果去看持续产出
业绩的优秀销售员或者长期生存的公司，你会发现虽然商品的回
购周期较长，但这些销售人员或者公司大多数都是在维护存量客
户，让客户重复购买的。因为他们都知晓回购周期较长的商品往
往是高价商品，哪怕多一个回头客，影响也很大。

提高 CLV 的 3 个动作

理解了 CLV 管理的重要性之后，我们来看看应该具体实践的内容。要提高客户生命周期价值，可以想到很多方法，我们可以先从这 3 项工作开始。

1. CLV 的测算

提高 CLV 首先应该做的便是测算 CLV。很多公司不知道自己公司的 CLV 有多少。可以将 CLV 看作我们活动的评分。今后不管采取什么行动，如果没有反馈的指标来评价有没有效果，就很难改善行动效果，使之适合本公司。

客户生命周期价值指的是本公司从一名客户身上获取的附加价值的总额。如果计算附加价值比较困难或者非常花费时间，也可以使用销售额的总额作为一个简易的指标。

CLV1= 平均毛利润（销售额—成本—维持客户成本）× 累计购买次数。

CLV2= 生命周期累计销售额（平均销售单价 × 累计购买次数）。

2. 提高 CLV 的 3 个方向

第二个工作是了解提高 CLV 的方向，探索各自可以做到的事情。提高 CLV 的方法概括来说只有 3 个。

（1）提高购买单价。

（2）销售其他商品。

（3）提高购买频率。

请在工作表 29 里填写 CLV 的测算和提高 CLV 的 3 个方向可做的内容，并进行实践。

在这 3 个方法里，提高 CLV 最关键的是哪一个？当然，每一个都是重要的因素，但把重点放在第三个方法"提高购买频率"是最合理的。因为很多商品没有得到回购并不是因为客户对商品有不满，只是客户忘记了。因此，与其说是提高购买频率，不如说合理调整购买频率更确切。考虑到上述情况，着眼于购买频率的方法是合理有效的。

提高购买单价（向上销售）、销售其他商品（交叉销售）对于提高 CLV 都是有效的。但是这两种方法如果没有准确理解客户需求就使用的话，可能会破坏和重要客户的关系。因此，请先考虑合理调整购买频率。在这个方法成功之后再进行向上销售或是交叉销售。

3. 锻炼两种力量

那么，怎么做才能提高购买频率，使之回归合理水平呢？

为此必须锻炼两种力量。

（1）让人记住的产品力。

（2）维护力。

就像在第 8 章《无声销售》中阐述的，人们讨厌推销。因此，客户尽可能自然地回购是理想的。因此，不要勉强地催促客户回购，而是通过锻炼这两种力量，提高想起率（回想起来的概率）。

（1）让人记住的产品力

在思考如何提高存量客户的回购频率的时候不要忘记人会遗忘。当然，我们要去提高商品被人记住的能力，另外还有一点我们也可以做到。那就是创造出"难以忘记的一面"。有的公司除了创造出商品本身的价值，还会创造出不会被人们忘记的一面。他们借此提高回购频率，提高 CLV，在市场中存活下去。

比如，美国西海岸的一家牛排店提出了这样一条规则——"牛排不是打着领带吃的菜品"。如果顾客系着领带来店里吃饭，在进店入口领带会被店员用剪刀剪成两段。被剪断的领带一段被用作店内的装饰，另一段被打上牛排店的标签变成纪念品。很多评论认为这一行为很有意思，很多顾客特地打着领带来到这家店。这样就变成了客户难以忘记的一次经历，促成回购。

你的公司可以展示出让客户难以忘记的一次经历吗？仔细想一想吧。

（2）维护力

另一个重要的力量是"维护力"。要让商品不被客户忘记，有效方法是持续地创造和客户的连接点。客户只要有机会和我们接触，他们想起商品的可能性就会极大提高。要想创造出不被客户忘记的商品价值或是留下不被忘记的一面可能很难，但创造出和客户的连接点是任何一家公司都能做到的。这个方法听起来很基础，但高 CLV 的公司都在扎扎实实地这么做。

但是必须注意的是，不要怀着"请购买"这样的销售目的去和客户接触。否则会留下"推销"的印象，可能会破坏和客户后续的关系。因此，重要的是持续地创造"和客户在销售之外的连接点"，创造出让客户回忆起本公司商品的契机。

来设计和存量客户的连接点吧。这基本上和"潜在客户的维护方法组合"是一样的，针对存量客户的特点调整设计并实施即可。两者有共同之处，可以起到一举两得的效果。

以下是对小型公司来说很有效的"维护存量客户的 12 个方法"。任何一个方法都不需要大量投资，付诸实践并创造出让客户回想起本公司产品的契机吧。

＜小型公司维护存量客户的 12 个方法＞

①感谢电话、感谢信。

②极致的售后服务。

③业务简讯。

④电子邮件杂志。

⑤季节贺卡。

⑥博客、推特等社交服务网络。

⑦礼品策划。

⑧举办学习会。

⑨开展交流会等活动。

⑩问候电话、电子邮件。

⑪介绍他人认识。

⑫贵宾策划。

第①、③、④、⑤、⑥、⑦、⑨、⑩项和维护预期客户的方法相同，接下来对第②、⑧、⑪、⑫项进行解析。

● 极致的售后服务

一般认为，售后服务指的是在客户购买商品后出现问题时进行的应对工作，因此很多人认为对客户说"如果有什么问题请随时联系我"是正确的。当然，向客户表明如果有问题会解决的态度很重要，但从"维持满意度"的角度考虑，这样的售后服务是错的。

这是因为如果你向对方提出"如果有什么问题"，对方会开始寻找问题。再怎么喜欢的商品，也不可能每个细节都做到100分。因此，一旦客户开始挑刺，就容易滋生小小的不满。客户有可能会注意到那些不刻意找根本注意不到、原本无所谓的地方，最终导致满意度下降。

商品是客户好不容易克服购买时的不安买下的，销售人员却给了客户降低满意度的契机，这样对吗？这样不对，这对客户来说不是好事。对客户而言，应该让他们对好不容易买下的商品永远满意。

因此，我们作为提供者，必须在客户购买后向客户传达"买到了，真好"这样的信息。这样一来，客户就能在更长的时间里保持满意。可以把"延长客户满意的时间"当作极致的售后服务。

● 举办学习会

存量客户指的是购买相同商品的人，所以他们会有相同的烦恼和喜悦。因此，举办让同一类型的客户愉悦的学习会，或是举办高效利用商品的学习会，会受到客户的喜爱。另外，这个方法也会增加向上销售和交叉销售的机会。

● 介绍他人认识

介绍他人认识比想象中更受人欢迎。尤其是使用相同商品的客户更容易交谈融洽，有的客户还可能向着重要的朋友或是商业伙伴发展。试着积极创造机会介绍客户相互认识吧。

● 贵宾策划

请思考面向多次购买的老客户的策划方案吧。可以考虑面向老客户的商品或者促销等。另外，贵宾客户专享的交流会或是餐会等也很不错。

图 9-3、图 9-4 清晰地展现了"小型公司维护存量客户的 12 种方法"中各种方法分别处于什么位置，请参照这些图片，在工作表 30 中设计本公司打算实施的维护存量客户的方法。和追踪潜在客户的方法组合中设计的一样，请按照 1、2、3、4 的顺序沿着 S 形逆向连起来，按这个顺序去行动。

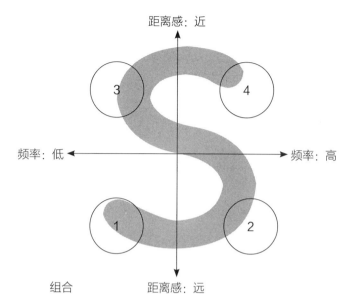

图 9-3　维护存量客户的 S 线

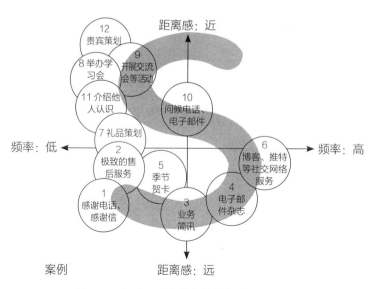

图 9-4　小型公司维护存量客户的 12 种方法

CLV 管理的两个目标

CLV 管理有两个终极目标，即以下两项：

（1）极致的客户。

（2）极致的重复业务。

请把培养"极致的客户"和构建"极致的重复业务"当作终极目标去实践 CLV 管理吧。下面我们将详细分析这两个目标。

目标一：极致的客户

存量客户根据其回购频率可以分为 4 个阶段。

＜存量客户的 4 个阶段＞

（1）单次客户。

（2）回购客户。

（3）粉丝客户。

（4）大使级客户。

单次客户指的是购买一次的客户，回购客户是购买两次以上的客户，粉丝客户是买过很多次、非常喜爱公司商品的客户，大使级客户是不仅自己喜欢用，还介绍给他人、进行宣传的客户。

图 9-5 把存量客户的 4 个阶段按照"利润贡献度"和"客户数量"两个维度进行了清晰的分类。随着客户从第一类向第四类发展，利润贡献度逐步提高。如前所述，比起获客成本，维护的成本要低得多，因此购买的数量越多，单次购买所贡献的利润就越多，利润贡献度越高。

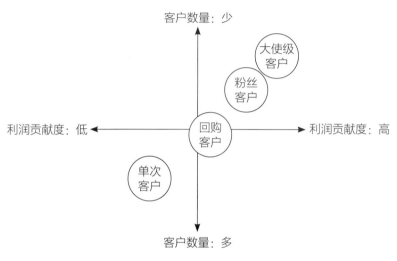

图 9-5　存量客户的 4 个阶段

再进一步，当客户成为大使级客户时，利润贡献度就呈几何级数增长。这是因为大使级客户不仅自己频繁购买，还介绍新客户。而介绍来的客户有很大概率会成为粉丝客户或大使级客户。

没有比客户更好的销售员。比起商品提供者的推荐，实际自掏腰包购买并使用商品的人的推荐绝对更客观、更可信赖。因此，大使级客户就是极致客户。

培养极致客户的 5 个步骤

接下来请思考，培养大使级的"极致客户"需要做哪些事情呢？客户可以看到商品提供者的一切，因此，公司的一举一动都非常重要，最终依靠综合实力比拼，所以我希望你能锻炼好与"经营有关的 12 个要素"的各项能力，但这里请想一想以下列出的有可能产生最直接效果的 5 个项目。

＜培养极致客户的 5 个步骤＞

（1）产品力产生的满足感。

（2）留在记忆里的惊喜。

（3）增加接触次数（建立信赖）。

（4）贵宾待遇（特别对待）。

（5）大使制度。

虽然听起来理所当然，但培养大使级客户首先必须让客户对本公司的商品满意。通过第二个要素——产品力来提高产品力吧。下一步是创造难以忘记的一面、增加与客户接触的次数，借此提高想起率、增加购买频率。在这里请用第二、第四、第五项来设计工作表 31 吧。

对于购买频率颇高的粉丝客户，请想一想能不能怀着感谢的心情，给他们提供与其他客户不一样的特别待遇。有的行业，从业人员只要记住客户的名字就算是特别待遇，所以不要想得过于夸张。意料之外的小礼品等容易让人记住，也是有效的。

另外，擅长提供贵宾待遇的公司会设置只有贵宾才能进入的地方，提供特别的卡片等，这些特别对待提供了其他客户可注意到的服务，巧妙地使他们产生"我也想成为贵宾"的想法。

明确大使级客户享受的优惠、明确大使级客户的准入门槛，这就是大使制度。就算没有那么严格，"介绍制度"也足够了，即老客户为公司介绍新客户时向老客户赠予礼品或提供谢礼。请思考如何把这项工作制度化。

目标二：极致的重复业务

假设你是一名投资者，正在商讨是否要收购一项业务。你会选择以下哪项业务？

（1）不知道明天的销售额的业务。
（2）知道明天的销售额的业务。

像第一类这种第二天的销售额不固定、无法预测的业务被称为"流通型商业"，典型的有餐饮店和零售店。像第二类这种第二天的销售额基本固定、可以预测的业务被称为"库存型商业"，典型的有会员制健身房和不动产租赁行业。

站在投资者的角度考虑，是不是大部分人都认为库存型商业比流通型商业更好？很多人之所以认为库存型商业更好，其原因很简单：库存型商业稳定。与之相反，流通型商业不稳定所以人们认为它不好。

稳定性是持续发展业务的重要因素。尽管如此，很多创业者在创业伊始开辟业务时并没有考虑库存型商业。的确有的行业很难把业务发展成库存型，但是"明天的销售额无法确定""完全无法预测下个月的销售额"，这些情况是业务发展中的重大不稳定因素。

因此，请思考库存型商业模式。不要认为自家企业是流通型商业无法变更而放弃。作为流动性商业的代表，快餐店都可以通过销售次数券、代金券来试图确定明日的销售额。积分卡也是一种办法。像这样流通型商业也可以借鉴一些库存型商业的特点形成半库存型商业，这也是完全有可能的。

库存型商业的经营非常稳定。请在工作表 32 中探讨以库存型为基础的商业模式。如果你可以创建优秀的业务，其商业模式本身有巨大的价值，商业模式或公司本身可以标价卖出。

实际是否卖出另当别论，"创造标有价格的商业模式、建立标有价格的公司"是创业者的辉煌目标之一。这其实意味着商业模式或者公司本身可以成为商品。按照这个逻辑，很多"流通型商业"没有标价。原因在于无法知晓明天的情况。与之相对，"库存型商业"因为可以知晓明天的情况所以大多是有标价、有价值的。

一个创业者可以建立有标价的商业模型，从某种程度上，可以看作是创业者的勋章。为了构建这样的事业，要养成定期以投资者的眼光来客观评价自己公司的习惯，它可以获得标价吗？你想收购这样的公司吗？

第 10 章
第 9 个要素——会计和财务

创建社长的驾驶舱

会计和财务的定义

会计和财务指的是以货币为单位，通过记录、计算、整理、报告、保存经营活动进行管理的活动，也可以概括地解释为"金钱的管理"。具体进行如下 5 项基本工作。

＜会计和财务的 5 项基本工作＞

（1）记录。

（2）计算。

（3）整理。

（4）报告。

（5）保存。

经营是经济活动，因此把握金钱的动向非常重要。请时常确认公司是否在切实开展 5 项基本工作。法律规定公司有计算税额进行申报的义务。报税时相关部门会询问公司是否正当开展了5 项基本工作，因此必须加以关注。

社长应该做的事情

会计和财务的 5 项基本工作的确是非常重要的工作，但并不是需要社长身体力行的工作。整理发票、登记账本、开立凭证，都是公司必需的工作，但不是社长应该做的事情。

那么，在会计和财务领域社长应该做的事情是什么呢？那就是通过金钱的动向来把握公司的状况，控制经营方向。就像医生通过血压、脉搏、体温等生命体征来把握人体状态，决定治疗方针，公司的社长通过对公司的"生命力检查"来准确把握现状，确定有效的下一步棋，这是社长的重要工作。这些生命力检查在经营管理的世界被称为"监控"。

"不擅长数字""太忙了"，你是不是在找这样的借口？社长的确非常忙，创业初期尤为忙碌。但这绝不能成为不把握本公司状况的借口。如果财务监控懈怠，可能会浪费所有的努力。

把握现状对经营管理而言极为重要。如果说不擅长"数学"的话我非常理解，但经营管理的监控需要的是"算数"，你一定可以理解清楚，抛弃不擅长的意识，认真地做好监控吧。

目视飞行和仪表飞行

飞机有两种飞行方式，一种是"目视飞行"，飞行员用自己的眼睛观察，判断飞行状态，驾驶飞机；另一种是"仪表飞行"，飞行员通过查看监测飞行状态的仪表驾驶飞机。你的公司采用的哪种飞行方法呢？

如果你搭乘的飞机的驾驶员完全不看仪表操纵飞行，你会怎么想呢？是不是很害怕？公司也是一样。想要单凭自己的感觉去把握公司的状况既困难又危险。

小型飞机采取目视飞行的比例更高，同样的，公司创业初期很多时候也不得不采取目视飞行，但如果想让公司持续飞行，尽早采用仪表飞行非常重要。

飞机的驾驶舱有无数的仪表。飞行员要通过查看仪表把握飞行状态，实现飞机的安全飞行。经营公司也是同理。为了冒着风险前进，必须建造客观的仪表进行监控。比如软银的孙先生[①]这样的企业家们是利用"1000 次防守练习"般的 1000 个仪表进行经营，因此他们即便面临很大的风险也可以继续飞行。

要想获得持续的成功，"仪表飞行"是必不可少的。建立一个"社长的驾驶舱"（图 10–1）来牢牢把握公司的经营状况吧。

---

① 即软银集团的创始人、总裁及首席执行官孙正义。——编者注

图 10-1　社长的驾驶舱

三张财务报表

最具代表性的仪表是三张财务报表。

＜三张财务报表＞

（1）损益表。

（2）资产负债表。

（3）现金流量表。

社长虽然不需要制作三张报表，但必须会阅读。这里不细说了，你需要理解这些报表的结构，通过各种数字读取公司的状态。

另外，三张报表的重要性在于它不只是了解本公司状况的途径，还是让其他人了解本公司状况的途径，报表作为通用的格式被各个公司使用。公司借钱时会被要求提供财务的三张报表。贷方会把财务报表当作判断能否向公司提供融资的有力依据。设立业务计划让更多的人在了解业务内容时也会使用财务报表。也就是说，财务报表不仅在防守的时候可用，进攻时也可以使用。

请在工作表 33 中填写本公司三张财务报表的概要，还没开始创业的人请填写计划内容。

选出 7 个仪表

三张财务报表是所有公司都使用的"仪表"，接下来请思考什么是本公司独有的"仪表"。在你经营的业务中重要指标的数值是什么？请选出对本公司而言具有重要意义的数值，然后把它放在"社长的驾驶舱"，定期确认（监控）。

以下以 12 个"仪表"为例，对小型公司应该监控的代表性数值进行说明。如果你还不清楚对本公司而言哪些数值是重要的，请参考这 12 个"仪表"，从中选出 7 个放入"社长的驾驶舱"，这些可以填写在工作表 34 里。

＜小型公司的 12 个"仪表"＞

（1）现金存款余额。

（2）毛利润。

（3）应收账款。

（4）顾客数量的增减。

（5）营业利润。

（6）现金流量表。

（7）复购率。

（8）人均毛利润。

（9）人均现金存款。

（10）分配前利润 [销售额—（全部费用—人工费）＝分配前利润]。

（11）年累计销售额表（表示过去 12 个月累计销售额的每月推移情况）。

（12）自有资本比率。

最重要的"仪表"

为了把握公司的状况，我们会想到各种各样的"仪表"，那最重要的"仪表"是什么呢？是"现金存款余额＝现金"。就算忘记其他的"仪表"，也千万不要把眼睛从现金动向上挪开。不论是否在创业初期，也不论企业规模多大，都可以做到关注现金流量，这也是很重要的。之所以说现金最重要有两个理由。

第一个理由，是公司在没有现金的时候就会破产。就算有很多顾客，产生利润，没有现金的话公司就倒闭了。与之相反，就算公司赤字非常大，只要有现金公司就能继续发展下去。现金是公司的生命线。

第二个理由，是现金是最具有流动性的资源，可以交换所有的经营资源。拥有土地和大楼的公司资产性很高看上去很好，但这样的不动产无法在短时间内转化为其他经营资源。

公司经营是在变化的环境中不得不开展的活动。因此能应变的公司才能生存下去。从这个观点出发，可以用来交换任意经营资源的现金就是最宝贵的资产，也是必须通过经营活动来实现增长的最重要的资产。

因此，总之你要关注现金的动向。为此需要具体去做的事情是制作"现金存款余额推移表"。请参考工作表 35 进行制作。如果使用表格软件来制作的话，更新起来更轻松。

在监控现金存款余额推移表时需要关注的是月中余额最低的日期。月末或 25 号等支出或收入的时间节点会导致当天余额最低，请持续定点观测这些日期。增加月中最低余额是财务工作的终极目标。

现金增加是经营顺利的证据。有过经营经历的人便会知道，持续增加现金是最难的。因此，如果把这个最难的事情当成指标，就不会因为稍有利润而大意、放松经营。如果月中最低余额日的存款余额超过 6 个月固定支出的总额，那可以说公司经营具有相当的稳定性。你可以在最开始把目标定在 1 个月固定支出的水平，然后 3 个月，之后 6 个月、1 年，逐步积累。那么，想要增加现金，该如何做呢？

提高销售额当然重要，此外还有很多应该确认的工作。请使用工作表 36 进行对照，在各个方面积极行动，为增加存款余额继续努力。

＜增加现金的 11 种方法＞

（1）提高销售额。

（2）降低成本。

（3）减少固定支出。

（4）减少营业外支出。

（5）合理合法减少税额。

（6）尽早提出要求。

（7）收回货款。

（8）延迟支付（需要提前拜托收款方）。

（9）提前收款。

（10）借钱。

（11）增加投资。

筹措资金的 8 种途径

经营所需的所有资金都由自己准备的确是理想状态，但在创业初期或成长期仅依靠自有资金，公司的业务可能很难发展，或是难以维持发展速度。在这样的情况下，可以小心谨慎地考虑借钱。筹措资金的途径有以下 8 种。

＜筹措资金的 8 种途径＞

（1）自有资金（不可以从最开始就指望依靠别人的钱）。

（2）日本政策金融公库[1]（由于是政策性金融，适用对象广泛但审查严格）。

（3）投资者 / 天使投资人（看中你的业务而非收益性的人）。

（4）信用金库（对小型企业最友好的银行）。

（5）地方银行 / 中间银行（比都市银行的难度低）。

（6）都市银行（要求较高）。

（7）风险投资（不要忘记出资后公司会丧失自主权）。

（8）朋友或家人（不能简单地用友情、爱去交换金钱）。

（补助金等因为供给的稳定性存在不确定因素，因此没有列出。）

关于筹措资金时必须注意的地方，我将以以下两点为例进行说明。

第一点，不是通过借钱而是通过卖出本公司的股份以获得资金的情况。对资本的投资没有还款义务，这会让人觉得有吸引力。因此很多创业者会轻易地允许对资本的投资，而之后又有很多人后悔。因为持有本公司的股份意味着对本公司具有控制权。卖出股份虽然能获得金钱，但作为交换，社长失去了决定未来的权力。这对于好不容易创业的社长来说十分残酷。因此，控制本公司股份的资本政策非常重要。

---

① 在日本和国际上提供金融服务的公共公司。——编者注

第二点，是借钱对象的顺序。很多人会选择从简单的地方开始去借钱。这是错误的。这是因为如果最容易的地方也没有成功，那就没有其他后路了。以金融机构为例，日本政策金融公库或信用金库等虽然是难度最小、对小型企业友好的金融机构，如果在这里被拒绝融资的企业再去都市银行申请贷款，通过的可能性无限接近于零。但是如果做好了被拒绝的心理准备，从最难的地方开始申请，这样就算被拒绝了也会领悟出"说明的技巧"。

有时金融机构不予以通过的理由可能是"不了解具体情况"，因此，需要有力地说明本公司的价值。从最难的地方开始申请，这么做非常艰难，而且实际上会被拒绝，但可以锻炼说明本公司的价值的能力。之后就可以以最好的状态向成功概率最高的机构提出申请。

向金融机构说明本公司的价值不是一件简单的事。但如果连这都做不到，又如何能持续开展有更多人参与的经营活动呢？如果需要资金，那就先去最难申请的地方。另外，向朋友或家人借钱应该放在最后，而不是最先。朋友、家人是我们身边最亲近的人，依靠他们并不是坏事。只是，正是因为向他们求助最简单，所以才不找他们帮忙。

因为有专门经营资金供给的机构，所以先向他们都借一遍吧。如果行不通，再找朋友或亲人帮忙也是可以的。友情和爱不能简单地用来交换金钱，否则友情和爱可能会遭到破坏，需要特别小心。

第**11**章
第 10 个要素——团队建设

搭建自立型组织

组建团队的意义

为什么要组建团队？因为想要获得持续的成功需要综合力。一个人很难把所有事情都高水平地、持续地完成，因为没有人会擅长经营所需要的所有事情。不擅长的事情很难高水平地完成，也很难持续地做好。但你不擅长的事情，可能是其他人的特长，他们可以简单地、高水平地、持续地完成。

所以组建团队就可以解决问题。人与人之间存在差异，把这些"差异"进行组合，培育出最好的结果，这就是组建团队的意义。

理想的团队

组建团队的意义在于取长补短、发挥综合实力，那我们的目标是建立怎样的团队呢？你可能会想到各种各样的团队，但理想的是"自立型团队"，团队里的每个人都可以自主思考、自主判断、自主行动、自主产出成果。

在优秀的自立型团队中，成员是既独立又相互依存的。请想象一个管弦乐队。演奏需要小提琴、长笛等各种乐器，负责不同乐器的演奏者分开独立练习，以精彩的演出为目标。但如果没有其他乐器的演奏，乐队就不够和谐。因此，虽然乐队的每一名成员是独立的，但为了管弦乐队整体的和谐演奏，他们又是相互依存的。

优秀的团队中必然存在着这样的独立与依存关系。请以组建自立型团队为目标，成员自立又相互依存，作为团队可以呈现出最完美的演出。

5 个思想准备

在建立一支优秀的团队时，作为领导者的经营管理人员必须对一些情况做好思想准备。请先做好以下 5 件事情来准备吧。

1. 相关的所有人都是伙伴

想要和优秀的人一起工作，需要基于伙伴关系思考问题。没有比和优秀的人一起工作更快乐的事情了，但有一点必须要注意。那就是优秀的人不受职位的驱动，而受到职责的驱动。优秀意味着他们就算明天从你的公司辞职也没关系。优秀的人有能力，想去哪儿都可以。因此，基于上下级关系实施的指令或命令，无法对他们产生有效作用。

因此，重要的是和他们保持伙伴关系。尤其是在公司掌握人事权的经营者容易理解有误，如果想和优秀的人组成团队获得最好的结果，请注意这一点。社长的工作对团队很重要，但这也是其职责的一部分。

2. 性弱论

组建团队时经营者往往会因选择"性善论"还是"性恶论"作为基础而烦恼。的确，这些是组建团队时要考虑的重要观点之一，但我在观察数千家公司组织后领悟到的是，应该以"性弱论"为基础。

人没有想象中的强大。这一点你想想自己就可以理解。人会气馁，有时会没有干劲，会半途而废。在组建队伍时请不要忘记人的这些弱点。

3. 担负起培养员工的责任

你是不是会把员工没有成长归咎于员工自身？如果认为员工没有成长是员工自己的责任，那你就永远也无法提高你的培养能力。因此，你需要记住员工没有成长是领导的责任，这是提高培养能力的重要的第一步。

社长是所有员工的领导，员工没有成长的所有责任都由社长担负。在组建团队时要做好社长要担负起培养员工的全部责任的思想准备。

4. 做好传达 1000 次的准备

对于肩负培养员工的全部责任的社长而言，很遗憾，人不会轻易改变，不会简单地成长。你是不是会想"说过一次了员工就好好听""说过一次了应该知道吧"。只说一次的话，一般人既学不会也改变不了，这就是现实。反而认为说一次对方就能学会的想法是错误的，因此你必须做好要说 1000 次的准备。做好准备用大爱去持续不断地表达。

5. 做好被模仿的准备

团队在没有成熟的阶段，不好的事情容易被模仿，好的事情难在不被模仿。也就是说，不好的事情容易传播，好的事情不容易传播。比如，如果社长时间观念不强，那么在极短的时间里团队整体都会变得时间观念不强，但就算社长非常努力地遵守时间，这个习惯传导至团队还需要花费一些时间，请不要忘记这是人类的普遍倾向，你要做好思想准备，自身不好的言行举止会向团队扩散。

做到以上 5 件事都不难，但需要注意的是它们持续执行起来却并不简单。团队建设的重要之处在于小事的积累。世界上没有魔法师，要想建立一支好的团队，请先下定决心。

理想团队的顶梁柱

自立型团队的顶梁柱是社长的副手（第二号人物）。副手能极大提高团队能力，因此很多经营者都非常希望有一位可以成为左膀右臂的商业伙伴。

在寻找副手的阶段，很多人容易陷入这样的误区。那就是选择和自己相似的人。如果对方和自己相似，就能熟悉对方的脾气，容易合作。但合作的容易程度和团队的表现并不成正比。就算再怎么了解对方的脾气，同一个管弦乐队不会有两个指挥，团队也是如此。

副手需要具备的不是相同点而是不同点。和组建团队的意义一样，重要之处在于相互取长补短。管理不同特点的人并不简单，但不同点组合起来可以相互补充的话，那就形成了可以充分发挥各自长处、同时弥补对方短处的关系。每个人只需把精力集中在自己擅长的事情上，团队整体就能表现得更好，这是最好的结果。如果你需要一个副手，请选择可以和自己相互补充的人。

想要找到相互补充的人，重要的是知道"自己的类型"。如果不知道自己属于什么类型，也就不知道要找什么样的人相互补充。在工作表 37 中，我从 3 个角度对"社长的类型"进行了分类，请思考自己属于哪种类型。

1. 创业型 / 企业型 / 官商型

请想一想自己是属于喜欢从 0 到 1 的创业型，还是喜欢从 1 到 10 的企业型，还是喜欢维持在 10 的官商型。

2. 开发型 / 营业型 / 管理型

请想一想在决定经营业绩的"3 个力"中，哪一个是自己擅长的领域。

3. 智商（IQ）型 / 情商（EQ）型 / 责商（RQ）型

请想一想自己是擅长商业直觉和知识的 IQ 型，还是擅长与人交往、建立人际关系的 EQ 型，还是擅长分配经营资源、提高利用效率的 RQ 型。

从创业初期到成长期阶段，以下组合是更好的选择。在本田汽车公司、索尼公司等发展成为世界级企业的公司中，一定存在这样的伙伴关系。

A. 创业型 + 企业型。

B. 开发型 + 营业型。

C.IQ 型 +EQ 型。

虽然管理也是很重要的，但是在从 0 开始建成 1 的阶段和之后从 1 发展到 10 的成长阶段，很多时候 A、B、C 的组合效果更好。在这之后管理才变得重要起来。

团队建设的三大要素

团队建设的基本要素有以下 3 点。请决定 3 个要素相关的活动内容。虽然在改善、壮大团队时必须关注细节、设立很多组织架构，但是在创业初期简单一点就可以。抓住各个要素最重要的部分去执行吧。

＜团队建设的三大要素＞

（1）招聘。

（2）培养。

（3）维护。

招聘、培养、维护适合本公司的人才，这三项工作都必须高水平运行才能发挥出团队的最大效果。团队的表现是由这三大要素的乘积决定的，因此请提高各项要素的水平。

团队的表现＝招聘力 × 培养力 × 维护力。

团队设计

接下来，我们来搭建"招聘、培养、维护"各个部分的结构吧。组建团队的细节不胜枚举，这里我们着重从创业初期重要的、最有效果的方法开始思考和构建吧。

招聘

首先必须注意的是不能简单决定。在小型公司里一个人的影响力很大，因此如果选择时不慎重，之后会很麻烦。为了在培养和维护阶段不被拖累，请在招聘阶段多下功夫。

我在调查几家高培养力的有名的公司后，发现不管哪一家公司都在着力做好招聘工作。这是因为虽然这些公司非常重视培养能力，但他们也认为招聘高潜力的人才很重要。在创业初期，公司往往还不具备培养能力，这样一来招聘就更重要了。

为了能够招聘更优秀的人才，在设计招聘活动时请考虑以下4点。

1. 明确理想画像

有一件事很多公司都应该做却没有做到，那就是"没有明确本公司想要什么样的人才"。因此，他们只是把面试者放在一起相互比较，勉强决定招聘对象。用这样的方法是招聘不到真正适合本公司的人才的。因此，在招聘领域，首先应该做的重要的事情，是明确作为社长的你想要什么样的人才。

请在工作表38中填写"理想人才的10个特点"，明确具体内容吧。

2. 磨炼本公司的看法

请思考并实践如何让符合理想人才的10个特点的人乐意来自己的公司上班。为此马上能做的其中一件事情是改善本公司的外貌。

当然，打磨公司自身很重要，但很多公司没有正确地传播真实的价值和魅力。特别是网站主页，其是公司的门面，求职者一定会浏览确认。请看一看自己公司的网页。看完之后，你会有想在这里工作的想法吗？请把它改造成让人想来上班的效果。同理，办公室也很重要。不一定要把办公室装饰得很夸张，但不要忘记判断标准是"让人想在这里上班"。

3. 小型公司的招聘战略

你是不是会想"我们公司规模小，太困难了"？的确，因为公司规模小，在招聘时会遇到很多不利的情况。但这是过度考虑一般求职者的需求的结果。小公司也有小公司才能给求职者提供的特权般的价值。从整体或平均的角度看的话，这种特权可能不多，但是被这种特权吸引的求职者大有人在，所以没有必要放弃。

＜小型公司的 7 种特权＞

（1）有成长空间。

（2）简单易懂的社会正义行得通。

（3）挑战性的环境。

（4）团队的集体感。

（5）良好的公司氛围、工作环境。

（6）和社长近距离工作的环境。

（7）有机会参与经营。

大家容易认为小型公司或刚创业的公司很难招聘到优秀的人才，但以敝公司为例，我们开展了招募创业者的业务，把想创业、充满干劲的优秀大学生介绍给小型公司，对方非常满意。机会有很多。请亮出这些特权，招聘优秀的挑战者吧。

4.决策流程的要点

多设置一些招聘流程更好。当然，这并不意味着流程设置多了就能招聘到优秀人才。因为单凭一次面试绝对无法了解一个人。因此，尽可能地增加接触次数，延长接触时间，这样的流程设置更好。比如，最近学生们想在毕业后正式就职前在公司短暂工作，想要这样的实习经历的学生比想象中的还要多。学生存在需求，对企业来说也存在如下好处。

＜招聘实习生的 5 个好处＞

（1）增强培养能力。

（2）形成企业内部刺激。

（3）劳动力相对低价。

（4）有可能形成即时战斗力。

（5）与招聘关联。

把招聘流程延长为"短期实习→长期实习→兼职→应届生招聘"，增加接触次数之后再招聘，这对公司和求职者来说都会减少不匹配的概率，优点明显。无论如何，请不要简单地决定，设置几个步骤再开始招聘。

培养

"没有培养的时间""想要马上就能上岗的人"，这样的想法情有可原，但很少有人一开始就是完美的，因此公司需要有培养力。另外，从中长期考虑，团队中有一定比例需要培养的成员，更有利于整体的平衡。在公司内部这样的小型社会中也需要"培养和被培养"的关系。这可以提高团队的培养能力，所以也请你考虑招聘应届毕业生或者没有相关经验的人吧。

1. 委托

人通过工作得到锻炼。因此把工作交给对方是很重要的，这时必须要注意的是标准。交办的工作要做到什么水平才算合格？这个标准必须要明确。很多人认为标准是模糊的，因此不断降低标准。但这不管是对当事人还是对团队都不是一件好事。按照低标准工作，当事人无法成长，团队整体的效率也会降低。

为了防止标准降低，以我公司为例，我们引入名为"利润制造者"的制度。我们为每个人制作了个人的损益计算表，明确了每一名成员对团队贡献度，并以此作为标准。由于我们只招聘想要成为创业者的学生，所以为了让他们在进入社会的那一刻开始具有独立意识，我们运用了这样的机制。就算最终员工不想成为创业者，如果你想建立自立型团队，那么把每个人对团队的收益贡献度进行数值化处理，并成为重要的工作标准之一，这是一个行之有效的方法。

另外，初次进入社会的应届毕业生或是二十几岁的员工，想要成长起来快速完成工作，重要的是先完成大量的工作，做到量变。但是谁也不愿意把工作交给没有经验的人，我想从让他们思考"怎样才能获得工作"开始教导他们。

人们如果把获得工作当成理所当然，就不容易对被给予的工作心怀感恩。这样一来工作会变得杂乱。因此，请在员工入职时告诉他们以下获取工作时应该注意的事项。

＜获取工作时的 5 种注意事项＞

（1）时常保持欢迎的态度。

（2）不找借口——就算客人减少也是自己的责任。

（3）积极向上，温和顺从。

（4）遵守小小的约定。

（5）坚持把眼前的工作做到 101 分。

2. 共同的目的

所有成员共有任务或是目标，对团队团结起来朝同一个方向行动有着重要作用。在此基础上，重要的是不仅要有团队整体的目标，在朝着这个目标努力的同时，还要创造对个人有利的目标或目的，使成员共有两个目标。不只提出公司的任务，请同时提出如共同成长、物质和心灵的双重充实等对个人有利的目标。

3. 工作观的共有

请不断传达工作对于人生的意义。这是因为理解了工作在人生中的意义的人会开始重视工作。深入思考后会发现工作对人生有重大的影响。随着工作经验的积累，你会发现工作的充实关系着人生的充实，会发现工作是人生中最好的伙伴。但是，很多人不认为工作是自己的伙伴，也没有深入思考工作对人生的影响。因此无法喜欢上工作、做不好工作，如此陷入恶性循环。为了阻断这种恶性循环，请你不断地向他们传达工作对于人生的意义。

这样的工作观最终得以向员工传达是最好的，但你也可以从明确告诉员工希望他们做的事情和不希望他们做的事情开始。这些事情应该也是你在工作中重视的内容，因此也可以说是工作观。请从填写工作表 39 明确希望员工做到的 10 件事开始吧。

4. 持续提供合适的课题

为了让团队成员持续成长，请注意不断地给他们提供"超出界限一点点"的课题吧。如果只是重复简单的内容，人会厌烦，也无法得到成长。我们是从昨天做不到而今天做到了的事情中实际感受到成长、获得幸福感的。人们会从挑战并超越自己的界限中感受到幸福。因此，超出界限一点点的工作是必需的。

维护

把有潜力的人才招聘过来进行培养，之后把工作交给他们，其他的什么也不用做，这样就可以了吗？并不是。人是不稳定的，因此人才维护是必要的行为。

就算是优秀的人才也很难每天怀着同样的动力去工作，公司需要考虑到他们和公司的目标及工作观也会逐渐产生分歧。因此，请构建推动成员实现自我管理的机制吧。

1. 工作观的维护

我在培养的第三点中提出了"工作观的共有"，这对团队和对成员个人都是很重要的。但是，在每天的工作中，在发生各种各样的事情后，人们的工作观有可能朝着错误的方向偏离。特别是在培养不够到位的阶段，变回原本不好的思维方式的力量是很强的。因此，我们有必要空出一定的时间去定期确认工作观。

我推荐的是开晨会。每天一次或者每周几次，哪怕 15 分钟也行，留出时间来温习工作观。如果存在工作地点分散等限制，可以通过发行公司内部电子邮件杂志，让员工定期接触到团队重视的工作观。

2. 动力的维护

创业不易，有时会遇到难关。这种时候人们会气馁，失去干劲。人多多少少会遇到一些波折，这很平常。但是，动力持续低下很难把工作做好，因此需要有一个维持团队成员动力的机制。

哪些时候会在工作中感到喜悦、动力高涨呢？或许你会想到很多种情况，而大家都会感受到喜悦的，是在得到顾客喜爱的时候和被顾客感谢的时候。每当顾客对自己说"谢谢"的时候，我们感到所有的辛苦都得到了回报，会想下一次也要加油。

因此，请积极地收集顾客的喜悦之声吧。如果以邮件的形式把一名成员获得的喜悦之声分享给团队全员，团队的每个人就每天都能听到喜悦之声。

这样听到很多次喜悦之声后，成员可以实际感受到自己的工作是对人有帮助的、受人喜欢的，然后得以肯定自己的工作。对工作的肯定会极大地影响工作动力。这是简单而非常有效的方法，所以去积极地收集喜悦之声吧。

3. "报联商"（汇报、联络、商谈）的持续

团队的顺畅运转离不开沟通。因此，请建立起每天和团队成员交流信息的机制。见面口头交谈也很重要，但很难定期进行，因此我更推荐日报机制。

员工将每天工作的报告和需要商谈的事宜等汇总成日报，发给上司，上司回复建议等进行反馈，请建立这样的机制。使用邮件进行日报汇总上报非常简单，不会受到工作地点的约束，容易持续开展。

4. 压力管理

适度的压力对工作有利，但压力太大的话会导致工作做不好。因此，虽然很难掌握平衡，但请从公司内部努力消除压力。以下3种压力是影响很多人的代表性压力。

＜很大程度影响人生的3种压力＞

（1）金钱压力。

（2）做不了喜欢的事情的压力。

（3）人际关系的压力。

努力在公司内部消除以上3种压力就可以了。尤其是很有必要管理人际关系带来的压力。不能只在报酬和人岗匹配方面下功夫，还要努力营造明朗向上的团队风气以减轻人际关系的压力。

5.稀有体验的共享

想要快速缩短团队成员之间的距离，或者想从模式化工作的乏味感中脱离出来，可以在团队中共享稀有的体验。通过团队共同参与平常很少做的事情，可以缩短距离，让关系变得融洽，产生新的发现，从乏味感中获得解放。

跑全程马拉松、爬富士山等稍微有些难度的体验也有着很好的效果，员工旅行等共同生活的体验也很好。不要太勉强地做这些事情，做事时机得当的话效果会非常明显，请考虑考虑吧。

请填写工作表40，构建5种维护员工关系的机制原型吧。

最大的阻碍

社长都有一个梦想，那就是拥有一支就算自己不在，公司的日常业务也可以正常运转、经营管理有效运行的团队；社长也大都有一个噩梦，那就是拥有一支就算自己不在，公司的日常业务也可以正常运转、经营管理有效运行的团队。

我在观察了众多公司后发现，最追求同时也最害怕自立型团队的往往是社长本人。社长在他人的依靠中获得存在感，因此，失去存在感很可怕。很多公司无法成立自立型团队，其实部分原因是社长自己从心底不希望成立这样的团队。想要建立理想的团队，必须迈过这个坎。

在团队建设的最后，请提前了解自己可能有这样的一面。

第 12 章
第 11 个要素——组织化

实现稳定性与持续性

组织化的定义

商业中的组织化指的是形成不专属于谁的推进工作的方法。其目标是将工作细分化，形成每一个部分无论是什么时候做、在哪里做、谁来做，都可以得到相同成果的方法。听到诸如机制、不专属于谁之类的词，可能会感觉不人性化，但这样的方法有助于人们稳定地推进工作。

为什么要组织化

经营是为了他人而开展的需要有人参与的活动。正因如此，虽然它是一种复杂的活动，但我们在管理时必须想明白一件事，那就是"人是不稳定的"这一事实。昨天还很顺利今天却感冒了导致无法工作，或是个人生活中有不如意的事情就无法全身心地投入工作，这些都有可能在日常工作中发生。

只要是这样不稳定的人在工作，工作就会一直不稳定。想要持续成功，稳定性非常重要。而经营的稳定性的基础是由工作的稳定性积累而成的。因此，减少受制于人、依赖于人的情况的机制，或是弥补人的不稳定性的机制是必要的。比如，水的供给实现了完全的组织化。我们不需要去河边打水、搬水，拧开水龙头，水就运送到我们眼前了。平常我们不会意识到这些，但这件事情得以实现，其背后搭建了很多机制。从水坝、净水槽、水管到水龙头等，这些都花费了大量的时间去建造，是人类在漫长历史中逐渐建立起来的机制。为什么要建造这样的机制，这是因为水对人类而言是重要的要素。经营也是一样。为了持续经营，必须把重要的要素进行组织化。

组织化的目标

组织化的终极目标是公司的永续。为了达到这个目标，我们需要把公司内部的工作组织化，构建可以持续且稳定地完成业务的体制。

对经营者而言，简单易懂的子目标是构建社长不在时日常业务可以运转的体制。创业时社长往往不得不处理所有的业务，随着事业逐步发展，社长必须放手，让自己"失业"。留给社长的工作是创造未来。在今天创造出 3 年后公司还存活着的理由，这是最重要的工作。社长如果可以专心解决这个问题，公司的永续性将实现飞跃式的上升。

为了让社长专心创造未来，需要建立起社长不处理日常业务也没关系的内部体制。为此，虽然团队建设很重要，但通过组织化的方式使工作标准化、稳定化也很重要。请彻底地开展组织化，争取社长 3 年不在公司也可以持续经营。

众多公司无法实现组织化的理由

上述的组织化很重要，但很多公司无法实现。虽然创业阶段非常困难，但我在观察存活下来的企业后，发现他们从一开始就具有机制思维。那么，为什么很多公司实现不了组织化呢？因为大家都很能干。正是因为能干所以无法形成机制思维。

如果你认为自己行动就没问题，那么无法形成机制思维。最后自己忙个不停，持续处在不稳定状态。在这种状态下，虽然每次都因自己的行动获得成就感，对个人而言或许是满意的，但对经营主体而言不是一件好事。

为了脱离这种状态，请向自己提问，促进机制思维。提问内容是，没有社长，公司还能存活下去吗？这个问题需要在公司规模尚小时提前思考。正所谓"成功的社长打水快，一直成功的社长挖井快"。

组织化的 3 个步骤

组织可以分为①分类→②组织化→③维护这 3 个步骤。首先，通过第一步分类找到并明确应该进行组织化的工作。把这些工作列成清单后，开始实行第二步组织化。但是，不试着实践无法找到好的方法，因此在运用中发现可以改良的地方后，再进行第三步维护。

这一系列的流程，重要的是社长的工作的分类。因为往往一开始社长不参与工作就无法进行下去。因此，在开始时社长必须空出用于组织化的时间。

在工作表41中，你可以从"重要性""频率""紧急性"3个方面简单明了地对社长的工作的优先顺序进行分类。最容易组织化也最有效果的是"不重要但频繁的工作""不紧急但频繁的工作""不重要也不紧急的工作"。

你的时间是不是大多被这些分类的工作占据了？是不是把宝贵的时间浪费在可以组织化的工作上了？

只要社长还在做上面这些工作，那么社长不在日常业务也能开展的制度就只会是黄粱一梦。分析自己的工作很残酷，但为了将来请你认真地提前确认。

机制的 5 个要素

接下来开始具体地搭建机制吧。说到组织化，大家容易把它想得复杂，但最开始只需要决定5个简单的要素。

<5 个要素 >

（1）做什么？

（2）谁去做？

（3）什么时候做？

（4）怎么做？

（5）检查的方法。

只需明确地决定这5个要素，稳定性就能得到极大改善。不管什么机制基本都具备这5个要素，所以以此为出发点，然后在各方面下功夫就可以了。

建立一个良好的机制最大的诀窍在于不轻易相信人。这或许听起来很孤单，但在相信人的前提下建立的机制无法发挥作用。机制的存在是为了弥补人的不稳定性，因此以人的稳定性为前提没有意义。你在建立机制的时候不要期待对方"这点事儿应该能做好吧"。

从这一点考虑，最没有意义的是公司处于搭建了机制但没有实施的状态。有的人可能会觉得这太蠢了，但实际上公司很容易陷入这种状态。因此在很多公司里，机制没有得到实践。为了防止出现这种状态，需要把入口和出口设置为具有强制力的内容。在建立机制的时候容易出错的是只思考第四个要素"怎么做"，但实际上没有把要做的行为明确设定为"开始做的契机"和"结束时的检查"。如果不决定好这些，就算有好的方法，这个机制本身也很有可能无法得到实施。

比如，在某项工作必须开始的前一天你会收到提醒邮件，如果不回复的话，你的上司将收到报告，设置成这样的机制，创造出不得不做的情况。严格设置好入口和出口，建立起真正发挥作用的机制。

请填写工作表 42，把社长自己的简单明了的工作进行组织化吧。根据工作表 41，我们可以得出应该实施组织化的工作的前三名，请确定他们的 5 个要素，将其组织化，为社长腾出更多时间。

组织化工作的"组织化"

社长在全力开展组织化并形成规范流程后，可以进行下一个步骤。建立让团队全员参与组织化工作的机制，加速组织化进程。这就是组织化工作的"组织化"。为了加快这种组织化，需要做到以下两点。

1. 手册（操作指南）模板的制作

制作明确了 5 个要素的模板。把模板发给员工，让他们思考组织化工作。重要的是设置对建立机制的人员进行评价的体系。

在一家通过独具特色的经营方法，获得远高出平均水平的利润率的叫作未来工业的公司，如果员工提出优化方案，不论方案内容是什么，公司都会给员工参与奖（如 500 日元）。因此，优化方案源源不断地出现。请思考公司可以给组织化工作设置怎样的报酬，哪怕金额很少也没关系（工作表 43）。

2. 设置社长不在公司的日子

"忙碌的社长，因为过于忙碌以至于没有时间赚钱。"

当我看到公司社长忙于日常业务，无法开展组织化和员工培养时，都会有这样的感想。社长过度忙于日常业务，认为思考将来的计划非常麻烦而选择逃避，沉浸于日常业务中，这样的公司在中长期会变成不赚钱的公司。因此，社长必须在公司处于成长阶段的某一个时间点上认真思考如何从日常业务中抽身出来。

但是，如果你想要在建立好了即便社长不在公司日常业务也能运转的体制后再从公司抽身出来，那很有可能永远也无法实现。因此，我建议你先下定决心不出现在公司。

先确定社长不在公司的日期，再由此推算出应该将哪些工作组织化，最后付诸实践。通过这种方法思考，更容易产生如何组织化的想法。

＜通过社长不在公司的日期促进组织化工作的3个步骤＞

（1）确定社长不在的日期。

（2）建立良好机制，确保在此期间社长不在也不影响正常工作。

（3）改善方案，延长社长不在公司的时间。

在工作表44中已经整理好了"社长不在公司之日"的实施方案，也可以作为组织化工作的里程碑，定期检查确认。

终极机制

对经营者而言，终极机制的对象是商业本身。请带着将商业整体进行组织化的想法，构建商业模型。为了实现这个想法，你必须知道经营的要素和结构，不过你正在通过本书学习这些知识，你已经知道大概需要做什么，应该可以实施组织化工作了。

想要提高商业模式整体组织化的比例，就必须把公司当作商品，问自己"想卖出自己的公司吗？""自己的公司能卖出去吗？"。你会想要买下没有建立机制、不稳定的公司吗？买一家没有实施组织化的公司，就像买一台非自动化的洗衣机。就算你把对方的业务购买过来，也无法稳定地产出成果，而且业务依赖于个人，你自己必须做很多工作。

请以"经营的 12 个要素"为中心，建立随时有人想购买的商业模型。

第**13**章
第 12 个要素——投资与风险管理

实现永续的良性循环

投资的定义

投资是指为获取收益而投入资金、时间和精力的活动。不只是资金的使用方法，我们投入的时间和精力也可以称为投资。但是，在经营中以资金的使用方法为中心进行思考可以更好地理解投资的定义，所以我们主要围绕资金的投资来进行探讨。

个人资金的用法包括投资和消费。但一般情况下，经营中没有消费。当然现实中存在资金使用方法为消费型（浪费型）的公司，这是错误的。经营相关的费用都应该按投资去理解。因此，为经营而使用资金时必须考虑它能带来什么收益。

那么，什么是收益？它是指最终能为顾客提供的价值。利润作为持续产生最终价值的手段固然重要，但只产生利润的公司无法持续经营。获得利润之后进行再投资，持续创造出可以为顾客提供的价值才是重要的。因此，请为持续产生价值而继续投资吧。

投资感觉的锻炼方法

按照前面对投资的定义，公司是投资的连续，投资的好坏自然会影响经营表现。经营者必须锻炼投资感觉。那么，如何锻炼投资感觉呢？非常简单，养成花更少的钱都询问自己收益是什么的习惯。这样思考的习惯可以说是锻炼投资感觉的第一步。通过这样的思考使用资金，减少消费，只做投资。

请使用工作表 45 分析本公司的投资，简单地确认公司是否在进行有效的投资。请列出你的公司投资金额排在前五名的项目。然后，想想它们各自的收益，确认是否与投资相匹配。所有的资金都属于投资，会计科目上的费用项目也请当作投资考虑在内。服务业的人工费较高，零售业购买店铺的费用和采购费用较高。

最明智的投资

最明智的投资项目在哪里？

对很多人来说，尤其是对经营者来说最有效、投资回报率最高的投资项目就是"自己"。世界上找不到比投资自己收益率更高的项目。业绩优秀的基金收益率再高也不过 15%。对自己的投资则不在一个量级，有可能达到 1000% 或者 10000% 甚至更高。有的投资者可能对投资自己感到犹豫或者不情愿，很遗憾他们对自己的价值没有深刻的了解。

购书、参加研讨会等可以提高经营者能力的投资花费数千日元到数十万日元不等。虽然有人觉得很贵，但由此获得了哪怕一个可以让事业取得巨大进展的启示，就有可能产生 1 亿日元的价值。创业者是具有这样的可能性的。

因此，具有投资自己的习惯的创业者可以得到成长，不断成功。请不要忘记"社长能力 = 公司的成长能力或持续能力"，不断投资自我，提高社长能力。

那么，第二明智的投资项目在哪里？

那就是"对事业的再投资"。自己最了解也最容易控制的对象是自己的事业。因此，对自己的事业进行再投资，应该是最有效果的。不考虑这个因素而去找其他投资项目可以说并不明智。

产生利润时是进行再投资的时机，不过接下来社长一般有 4 种行为。你的行为是哪一种呢？

（1）什么也不做。

（2）挥霍消费。

（3）储蓄。

（4）再投资。

稍有利润就大肆挥霍的人太多了。这是第一不能做的。和挥霍相比，什么也不做稍好一些但也不是好的选择。最应该做的是为将来储蓄和再投资。人们应该意识到利润是短暂的。由于利润是不稳定的，因此需要提前想一想"不知道明年会是什么情况"，这种程度的思考是刚好合适的。产生利润之后不应挥霍而是应该思考如何打好基础，形成良性循环。

创造出利润后，请把资金用在再投资扩大规模、提高稳定性、提高价值创造力等方面。这样的话，之后还会产出更大的利润。为了形成这样的良性循环，请进行再投资。

实际上，具有充分的利润规模或是持续产出稳定的利润额的公司会不断重复再投资直到公司发展达到一定规模。

再投资的 4 个选项

进一步具体思考对本公司事业的再投资，会发现大致存在 4 个选项。任意一个选项都是有效果的，如果一定要排序，那么对大多数公司而言，按有效性从高到低排序如下。

＜小型公司再投资的 4 个选项＞

（1）为了提高商品价值的"开发投资"。

（2）为了提高认知度、营业水平的"广告投资"。

（3）为了提高团队能力的"教育投资"。

（4）为了提高生产能力的"设备投资"。

为了避免在产生利润时进行无效投资，请思考上述选项中所述的可以开展的投资，填写工作表 46。

回馈是一种再投资

当赢利体系稳定下来，形成利润积累的体制后，需要考虑的就不单单是再投资了，还请考虑向相关各方回馈。在对事业不造成过度负担的情况下，在赢利体系充实之前开始给予回馈也有其价值。回馈对象包括以下 6 种。

<6 种回馈方法和排序 >

（1）回馈顾客。

（2）回馈公司员工。

（3）回馈贸易伙伴等合作公司。

（4）回馈经营者。

（5）回馈社会。

（6）回馈股东。

回馈各方既能给经营者带来喜悦，也是公司持续经营的秘诀之一。为了让自己的公司能够向相关的所有人员给予回馈，请优先开展再投资，扩大利润，形成良性循环。

风险管理

风险管理指的是将威胁持续经营的所有事件的发生概率最小化。风险不可能完全规避，但是可以努力使风险最小化。尤其越是在事业进入正轨、看起来一切顺利的时候，越可能孕育着看不见的风险，因此请时常提前考虑好风险管理方法。

风险最小化的 24 种补丁

在学习了"经营的 12 个要素"之后再建立商业模型，推进事业发展时面临的风险一般会比创业时低得多。但是，如果把经营成功的标准定为持续 10 年以上的话，还是会存在陷阱或者地雷的。可以把这些陷阱和地雷快速确认出来的清单就是"24 种补丁"。请你像用补丁来补衣服一样，堵住经营上的漏洞，使风险最小化。

用工作表 47、工作表 48 确认完后，请一定要定期检查。

● 工作表 1 的补丁：100−1=？

在数学的世界里，"100−1=99"。但在工作、经营的世界里，有可能是"100−1=0"。仅仅因为一个失败就可能导致事业整体失败。请对此做好心理准备，时常居安思危，从积极的角度看是带着危机感进行经营。

● 工作表 2 的补丁：是不是在制造犯罪的诱惑？

有的管理者嘴上说着"我相信你"，把资金管理等工作随随便便地托付给他人。"我相信你"这句话看上去很酷，但也是不负责任的做法。要是被委托的人正手头紧张呢？家人生病了非常需要钱呢？他们很有可能会把手伸向这笔钱。手伸出去了就是犯罪。因此，认真思考不让犯罪发生的方法和机制才是真正的体贴。和现金打交道的生意尤其需要注意。

● 工作表 3 的补丁：你是否成为连带担保人？

虽然最近变少了，但在以制造业和零售业为中心的时代，公司会有一定程度的借款，这是很常见的事情，很多管理者的朋友会成为连带担保人。这就是风险所在。没有比对自己无法控制的东西进行担保更具风险的了，因此，没有足够的信任请不要成为连带担保人。

● 工作表 4 的补丁：对一名顾客的依赖度是否超过 26%？

顾客数量少，公司整体的依赖程度高的话，在成长期发展动力强劲但在衰退期会变弱。对一名顾客的依赖度超过 26%，意味着有可能一次性失去 26% 的销售额。一次性失去这么大体量的业务，大多数公司都无法支撑下去。请研究如何分散客户。

● 工作表 5 的补丁：是否满足于低利润率？

有很多管理者满足于 5% 左右的日常利润率，但如果仅仅满足于此，那么留存利润就几乎没有了。3~5 年内一旦发生危机，可能会引起资金短缺。5% 的利润率很危险。请把经常利润率的目标定在 10% 以上。

● 工作表 6 的补丁：你注意到诱惑了吗？

满足个人欲望时必须有所警惕。管理者容易陷入 3 种诱惑：金钱、名誉、异性。有很多人陷入这些诱惑，荒废事业。请在公司状况向好时特别注意这一点。

● 工作表 7 的补丁：你有最可靠的资产吗？

最可靠的资产是现金和信用。请小心谨慎，不要弄丢。

● 工作表 8 的补丁：你是否允许 4 种松散状态存在？

建立信任很不容易，但失去信任只在一瞬间。做生意建立在信任的基础上，请注意以下 4 种松散状态。越是状态良好越要注意这些方面。

＜失去信任的 4 种松散状态＞

（1）对金钱松散（支付不及时、不还款……）。

（2）对时间松散（迟到、不按时交货……）。

（3）对人际关系松散（不打招呼、忘记礼仪……）。

（4）对感情松散（容易变得情绪化……）。

● 工作表 9 的补丁：你持有表外资产吗？

请提前准备好以下两种表外资产以防万一。

（1）社长的存款。

（2）人寿保险的返还金等。

● 工作表 10 的补丁：是否导致投诉形成？

大多数投诉一开始并不是严重的投诉。让这些意见最终成为投诉的是我们自己。请确认以下形成投诉的 4 种原因，遵守处理投诉的 4 项原则，认真对待投诉，这些投诉会变成为你指明公司不足之处的礼物。

＜最终形成投诉的 4 种原因＞

（1）企图逃避、糊弄。

（2）顶撞、反驳。

（3）不反馈，浪费时间。

（4）不予解决。

＜处理投诉的 4 项原则＞

（1）不逃避（认真接受）。

（2）不顶撞（怀着抱歉的心情冷静地听取情况说明）。

（3）报告（频繁汇报情况、不置之不理）。

（4）行动（不管能否解决，总之采取行动）。

●工作表 11：你向无理取闹的顾客说"不"了吗？

我们有权利对顾客说"请不要再来了"。当然我们要重视顾客，但如果由于处理无理取闹的顾客导致对其他客户提供的服务质量降低，那就是本末倒置了。如果无理取闹的客户导致员工疲惫不堪，那么请成为礼貌而坚定地向客户说"NO"的公司吧。这样也可以不断磨炼提高自己公司的价值。

●工作表 12 的补丁：你决定了撤退底线了吗？

"如果公司状况达到这种水平就要撤离。"提前想好这样的撤退底线很重要。这是因为一旦陷入严峻的形势，人无法做出冷静的判断。请在事前设定好撤退底线。

● 工作表 13 的补丁：制定了资本政策吗？

自己公司的股票是决定公司未来的权利，因此绝不能轻易放手。请踏踏实实地管理好自己公司的股票。

● 工作表 14 的补丁：有专家团队吗？

经营过程中会有很多必须了解的知识，但社长不需要掌握所有的知识。专业领域交给专家就可以了。请提前组建好一支紧急情况下可以依靠的专家团队。

● 工作表 15 的补丁：有没有忘记税金？

公司开始赢利，有钱入账，对经营者而言是喜悦瞬间之一，但不要忘记这些利润是要交税的。在日本缴税是一年一次，但是，除此之外，次年需要缴纳前一年纳税额的一半左右作为预缴税款。请不要忘记准备好这部分缴税资金。

● 工作表 16 的补丁：能确定明天的销售额吗？

无法确定明天的销售额的生意是不稳定的。请尽可能地让未来的销售额确定下来。

● 工作表 17 的补丁：你做的是现金生意吗？

推荐现金生意并不是让你去交换现金，而是说把提供价值和报酬进账的时间差尽可能地压缩到零。如果可以实现的话，资金流会得到极大改善。

● 工作表 18 的补丁：看到自己公司的变化了吗？

虽然周围的变化也很重要，但自己公司的变化更加重要。环境不会轻易改变，但自己的公司是会变化的。因此，请对自己可以掌控的本公司的变化更敏锐一些。

●工作表 19 的补丁：你在逃避数字吗？

数字就是现实。不面对现实的人是绝不可能成功的。请直面那些代表公司现状的数值，不要逃避。

●工作表 20 的补丁：你意识到"发展的终点"了吗？

令人遗憾的是，越是优质的业务，市场越容易饱和。这是因为不论从绝对的角度还是相对的角度我们提供的价值的质量必然会下降。人们认为公司步入发展轨道后哪怕什么都不用做，公司都不会变化，会持续保持良好的状态。但这是幻想。请时刻想着"发展的终点"，不断努力创造新的价值。

●工作表 21 的补丁：你在建立顾客和公司的接触点吗？

在当今社会，比起商品的生命周期，我们的工作年限时间更长。因此，只要我们还在长期持续开展业务，就必须发布一两次新产品。在发布产品时，如果只是把顾客和产品连接在一起，那么新产品就是真的从零开始起步。不要只建立客户与产品的关联，也要建立客户与你的公司的接触点。

●工作表 22 的补丁：你感受到了 1 日元的分量吗？

花 1 日元很简单，但赚 1 日元却不简单。请去感受 1 日元的分量并充分发挥它的作用。

●工作表 23 的补丁：你了解真正的危险状态吗？

成功的公司分为两类。那就是知道自己为什么顺利发展的公司和不知道自己为什么顺利发展的公司。不管是成功还是失败，如果不知道为什么自己的公司是现在的这个状态，可以说是很危险的。

● 工作表 24 的补丁：风险的元凶是谁？

公司成功与否，90% 取决于社长。以此为前提，风险的元凶也是社长本身。社长要努力不断提高自身能力，公司步入正轨也不能让自己成为"穿新衣的皇帝"。不要过度自信，不断提高社长能力吧。

应用篇

第三部分

第14章

确认你的商业模型

总结商业模型

在本书中，我们学习了经营管理必不可少的"经营的12个要素"，通过48个课题，构建了各要素。接下来应该做的是把它们融会贯通。

为了把它们融合在一起俯瞰商业模型全貌，请首先复习在第一部分学过的经营全貌（图14-1）。

经营就是建立和客户的关系。建立关系需要两种能力，分别是通过商品把顾客变成粉丝的能力（商品能力）和通过营销把顾客变成品牌大使的能力（营业能力）。为了充分发挥这两种能力，公司应该具备的能力（如管理能力）也是必要的。

经营的表现是由商品能力、营业能力、管理能力这3种能力的乘积决定的，因此这3种能力都必须要提高。3种能力中的每一种都可以分成4个领域，共12种要素。这就是经营必不可缺的12种要素。把这些要素逐项按照图14-2整合在一起，再把48

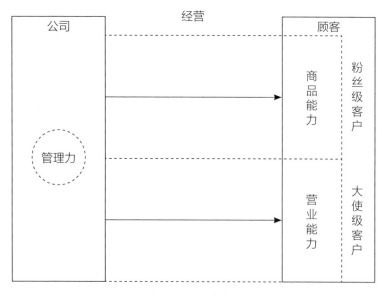

图 14-1　经营全貌

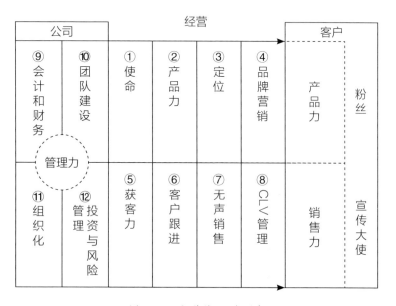

图 14-2　经营的 12 个要素

张课题表格排列在各自领域之上，这样也可以看到整体全貌。

一秒即知成功率的确认表格

使用专用表格，整合你的商业模型，将模型可视化并俯瞰全貌。另外，在自己逐个评价各个课题的过程中，整体的完成度就能清晰可见。这就是目前你的企业的完成度，也是成功概率。

请按照以下 3 个步骤完成模型要素的整合。

（1）课题制作

A 表的 12 张表格是 A4 大小，左半部分以要点的形式写出了"使命"等各个领域的名称和学过的项目。如图 14-3 所示，右半部分是 4 个不同课题的表格，请先用这张表格完成各个课题。

（2）自我评价

课题完成后，在表格右侧有 4 个方格，请用方格进行自我评价。如果认为自己在各个课题的完成度很高，请涂满 4 个格子（满分为 100 分），如果认为是 50 分，则涂两个格子，按这个方法进行自我评价，请逐一确认。另外，各个领域的自我评价可以用表格左侧的下方或者上方（每个领域的表格可能不一样）的部分来确认。

（3）剪切粘贴进行整合

课题和自我评价完成后，将 A 表格分成两半，右侧贴到 B 表格"三大领域表"的背景纸上，左侧贴到 C 表格"全体整合表"

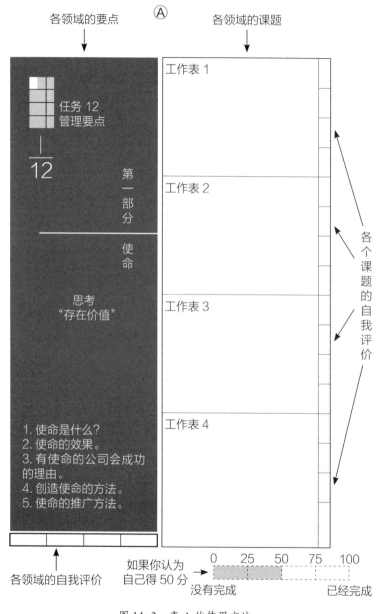

图 14-3　表 A 的使用方法一

上，这样四张表格就完成了。

这样就形成了 3 种能力在各个要素的整体一览表三张（图 14-4），和经营的 12 个要素整体一览表一张（图 14-5）。

图 14-6 中带底色的部分展示的是你的公司的完成度。通过一览表可以清晰地俯瞰到存在不足的部分。如果全部都是粉色，那就说明完成度很高；如果有白色的部分，则说明商业模型上存在不足。那些地方是今后的课题，也可以说是为了获得持续的成功需要努力解决的弱项。

创业者大多无法像这样俯瞰全局。可能甚至都不知道"什么是全局""哪些是必要的部分"，因此就算能获得暂时的成功，自然也无法收获持续的成功。如果有两个商业模型完全相同的创业者要进入同一个市场，一个创业者知道"经营的 12 个要素"，而另一个创业者不知道，那么一定是知道"经营的 12 个要素"的创业者的企业会被选中并生存下去。知道和不知道的差距是非常明显的。

经营的 12 个要素的优先顺序

经营的 12 个要素中的每一个都非常重要。但事业的不同阶段，重点处理的要素会发生变化。创业初期时间和经营资源都很有限，应当在理解全局的基础上，从优先度更高的要素着手解决。

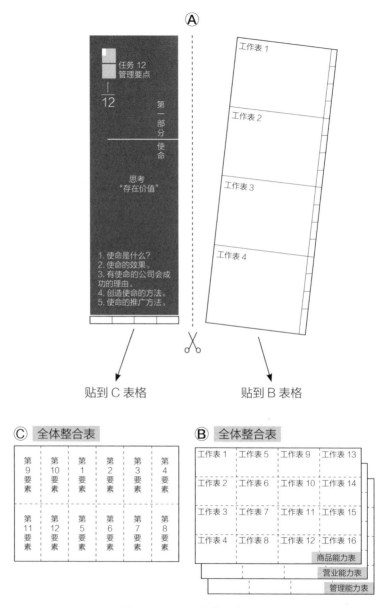

图 14-4　表 A 的使用方法二

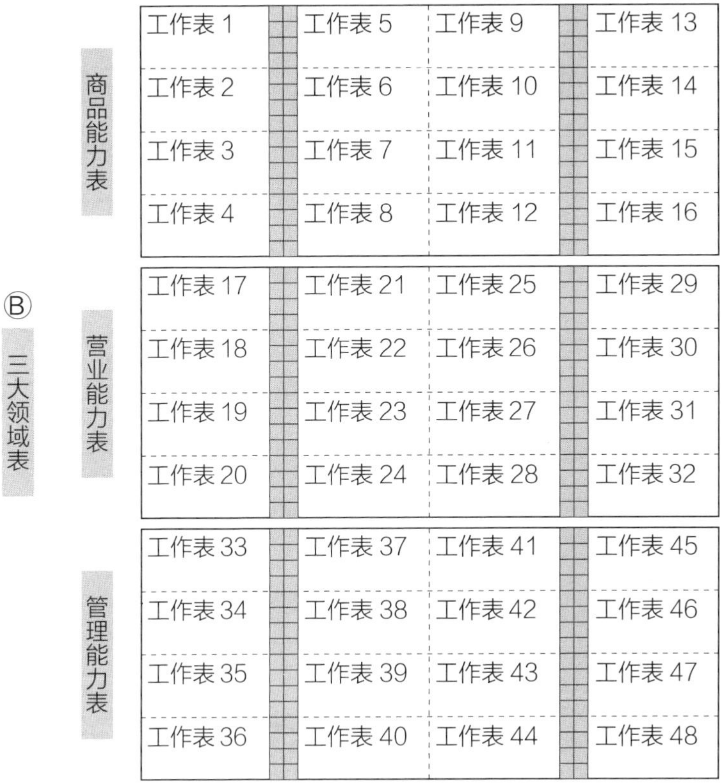

商品能力表	工作表 1	工作表 5	工作表 9	工作表 13
	工作表 2	工作表 6	工作表 10	工作表 14
	工作表 3	工作表 7	工作表 11	工作表 15
	工作表 4	工作表 8	工作表 12	工作表 16
营业能力表	工作表 17	工作表 21	工作表 25	工作表 29
	工作表 18	工作表 22	工作表 26	工作表 30
	工作表 19	工作表 23	工作表 27	工作表 31
	工作表 20	工作表 24	工作表 28	工作表 32
管理能力表	工作表 33	工作表 37	工作表 41	工作表 45
	工作表 34	工作表 38	工作表 42	工作表 46
	工作表 35	工作表 39	工作表 43	工作表 47
	工作表 36	工作表 40	工作表 44	工作表 48

Ⓑ 三大领域表

图 14-5　表 B 的使用方法

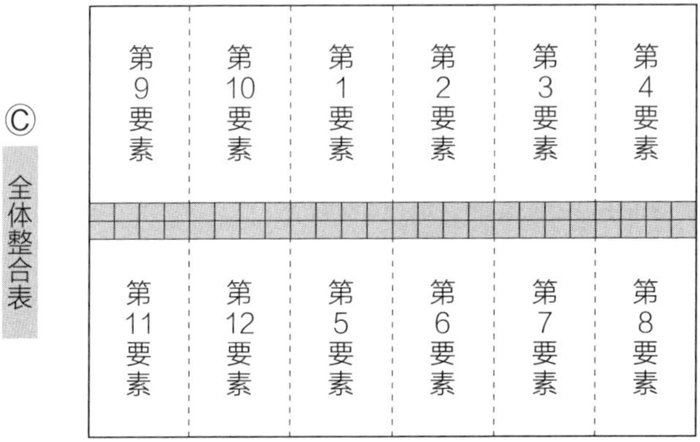

第三部分·应用篇

Ⓒ 全体整合表

第9要素	第10要素	第1要素	第2要素	第3要素	第4要素
第11要素	第12要素	第5要素	第6要素	第7要素	第8要素

图 14-6　表 C 的使用方法

从一无所有的状态开始创业的情况下，请按从 1 到 12 的顺序逐个梳理。"经营的 12 个要素"就是按照这样的优先度排序编写的。在公司已有自己的商品的情况下，请先从 5 到 8 营业能力部分开始，然后从 1 到 4 商品能力部分，最后从 9 到 12 管理能力部分，按照这样的顺序处理会更有效果。在这种情况下，也可以先快速地过一遍商品能力部分，然后学习营业能力。

创业初期要重点夯实商品能力和营业能力作为企业发展的基础，在营业额提升至可以维持经营的水平后，就需要在此基础上考虑提升管理能力。在初始阶段，搭建提升销售额获得现金的体制是最优先的课题。

打造永续的循环

了解经营的要素和构造不只是在构建商业体系时发挥作用，在维持商业运行时也能发挥确认的作用。请使用"经营的 12 个要素"打造事业永续发展的循环吧（图 14-7）。

要做的事情很简单。定期挑选一个要素，重点重新审视，提出优化方案，调整结构。最好理解的方法是每个月重新审视"经营的 12 个要素"的其中一个要素，一年完成一个周期。每个要素有 4 个课题，每周重新审视一个课题，这样刚好一个月就可以完成一个要素的内容。

像这样，"经营的 12 个要素"不仅能在创业初期搭建商业模

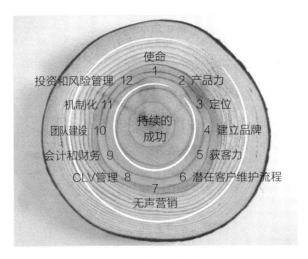

图 14-7　打造永续的循环

型时发挥作用，它同时也渐渐成为一套让事业永续发展的系统，在公司发展的各个阶段都可以运用。

创业逻辑

构建永续发展的企业模型

工作表

三步创立使命

① 明确社会的难题。

社会上存在着 ×× 的问题。

② 明确解决该难题的方法。

我们将通过这样的工作去解决这一难题。

③ 想要实现的理想社会。

作为结果，我们想要实现的社会是这样的……

电梯法则

成功的公司能够在1分钟内介绍公司、征服听众。

传播"查漏补缺"与内容

传播媒介   内容

☐ 名片

☐ 官网

☐ 宣传媒体

☐ 所有的纸质材料

将使命用标语表达

请写一句 20 字以内的标语。

例：商业银行集团将日本的开业率提升 10%！

明确产品价值

< 问题 5×5 > 5 个问题 ×5 人

忽视顾客存在的价值创造没有意义。和市场对话吧！

请向 5 位潜在客户提问以下问题。

（人数）

问题

☑ 1 人
☑ 2 人
☑ 3 人
☐ 4 人
☐ 5 人

例：本产品符合您的需求吗？

问题 1

☐ 1 人
☐ 2 人
☐ 3 人
☐ 4 人
☐ 5 人

问题 2

☐ 1 人
☐ 2 人
☐ 3 人
☐ 4 人
☐ 5 人

问题 3

☐ 1 人
☐ 2 人
☐ 3 人
☐ 4 人
☐ 5 人

问题 4

☐ 1 人
☐ 2 人
☐ 3 人
☐ 4 人
☐ 5 人

问题 5

☐ 1 人
☐ 2 人
☐ 3 人
☐ 4 人
☐ 5 人

苦恼与马拉松

经营者的工作是"消除苦恼"。
让我们彻底思考一下顾客的苦恼是什么。

1	26	51	76
2	27	52	77
3	28	53	78
4	29	54	79
5	30	55	80
6	31	56	81
7	32	57	82
8	33	58	83
9	34	59	84
10	35	60	85
11	36	61	86
12	37	62	87
13	38	63	88
14	39	64	89
15	40	65	90
16	41	66	91
17	42	67	92
18	43	68	93
19	44	69	94
10	45	70	95
21	46	71	96
22	47	72	97
23	48	73	98
24	49	74	99
25	50	75	100

用对手的思维思考

① 在同一个市场中，最不希望对手做什么事？

② 如果现在要加入市场，应该为产品添加哪些新的特征？

定价策略

定价		价格	公司产品
5	只有百分之几的顾客会买的高价格		
4	"因为贵所以放心"的价格		
3	类似商品的价格		
2	"这么便宜没事吧"的价格		
1	成本价		

制作比较表

① 请列出竞争对手。

尽量列出直接的竞争对手。

② 请对竞争对手的特征进行描述。

比如他们的服务品质、价格。

③ 制作比较表。

明确你和竞争对手之间的差别。

比较表例：掌握竞争对手的特征。

	竞争对手	商品特性 例：高品质；低品质	价格 例：高；低	顾客属性 例：个人；法人
	自己公司			
	A 公司			
竞争公司	B 公司			
代替商品				

定位图的三大轴心

三大轴心
1. 商品特性
2. 价格
3. 顾客属性

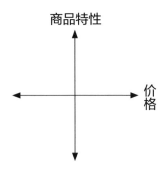

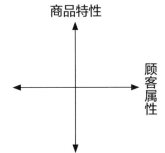

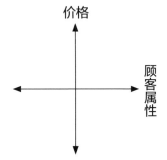

为自己绘制定位图

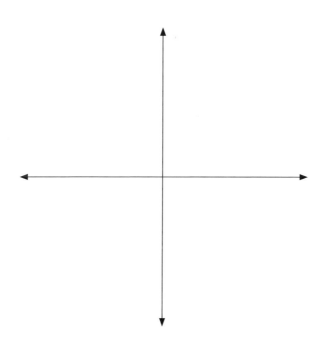

重新定位

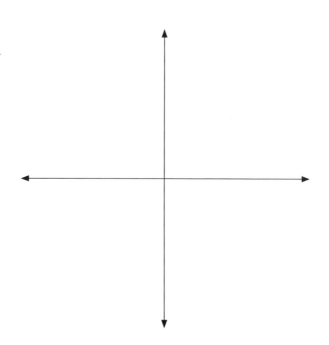

品牌力诊断

1 公司有稳定的客流。

2 与工作相关的人经常向公司表示感谢。

3 经常有人想要和公司一起工作。

4 银行主动给公司放贷款。

5 公司有合作的邀约。

6 公司自然而然地能够得到有利的信息。

7 被人夸奖"喜欢贵公司"。

8 有很多人来介绍自己的公司。

9 公司经常接到与销售相关的电话。

10 公司经常被采访。

了解 ABC

Ⓐ 顾客：明确理想的顾客画像。

Ⓑ 商品：必要的商品价值和商品。

Ⓒ 自己公司：任务和行动方针的明确化。

Ⓓ 评价：想要怎么被顾客看待呢？

设定模型

◯◯　业界的　◯◯

↓　　　　　　　　　↓

自己所在的行业　　　其他行业的知名公司

业界的

1 _____

2 _____

3 _____

4 _____

5 _____

最想树立的、最佳的 5 个形象

1 _____

2 _____

3 _____

4 _____

5 _____

能够在记忆中留下烙印的因素

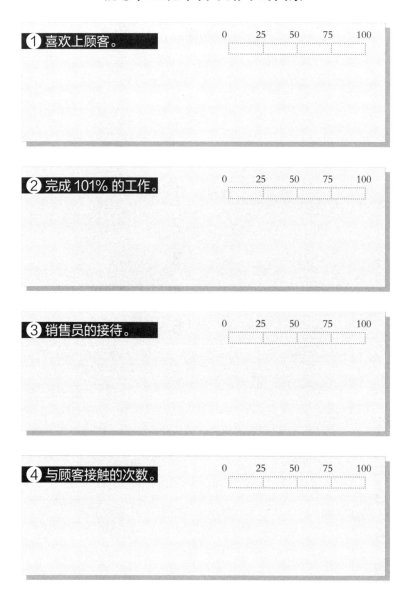

① 喜欢上顾客。　　　0　25　50　75　100

② 完成 101% 的工作。　　0　25　50　75　100

③ 销售员的接待。　　0　25　50　75　100

④ 与顾客接触的次数。　　0　25　50　75　100

获客系统的基本型三步骤

获客的基础就是曝光、商品介绍、询问这 3 个步骤。

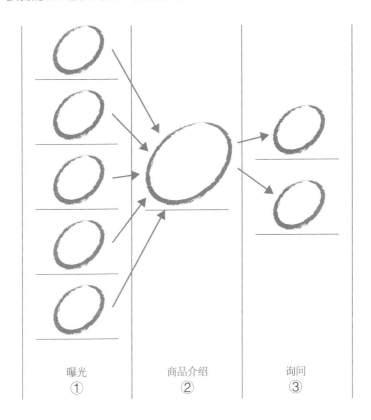

| 曝光
① | 商品介绍
② | 询问
③ |

（例）
- 广告牌
- 报纸广告
- 搜索引擎
- 网页广告
- 宣传发行活动

- 官网页面
- 商品目录

- 电话
- 邮件

商品说明的电梯法则

练习可以在一分钟内说明商品的特征。
< 商品说明的三段式 >

① 你是不是有这样的困扰？

② 这样做问题就能够解决。

③ 问题如果得到了解决，情况就会变好。

自家企业的宣传语

思考一下让顾客觉得"这个商品好像很有趣"的 15 个字以内宣传语。

最佳!

通过"小型企业的 8 种获客工具"来进行推广宣传。

小型企业的 8 种获客工具

让我们使用这 8 种获客工具来创作出一个获客系统。

8 种工具	曝光	商品介绍	问询
1. 名片			
2. 官网主页			
3. 人脉			
4. 广告宣传			
5. 价格低廉的媒体			
6. 传单			
7. 口口相传			
8. 商品介绍			

追踪潜在客户的 5 个渠道

为了追踪重要的潜在客户，请安排 5 个渠道。
请决定好每种方法的具体内容。

	方法	频率	内容	负责人
1				
2				
3				
4				
5				

组合化——S 线

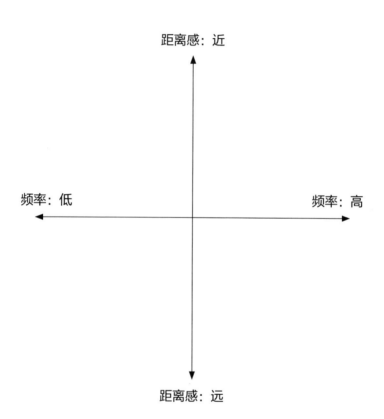

组合化——J 线

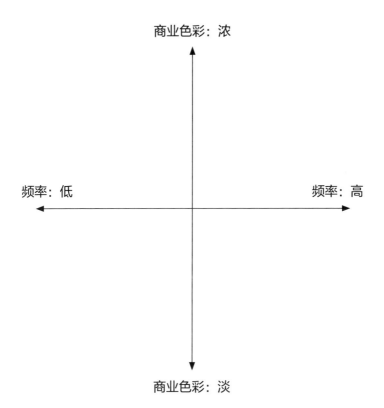

制作潜在客户台账

潜在客户姓名

存量客户姓名

让人不想购买的 5 种销售行为

1

2

3

4

5

销售的 8 个步骤

8 个步骤	确认	应该构建的内容
1. 事先提供信息		
2. 留下印象		
3. 建立信任		
4. 需求的表面化		
5. 提供解决方案		
6. 明示具体的第一步		
7. 提示注意事项和理由		
8. 回到潜在客户追踪的循环		

应对借口的清单

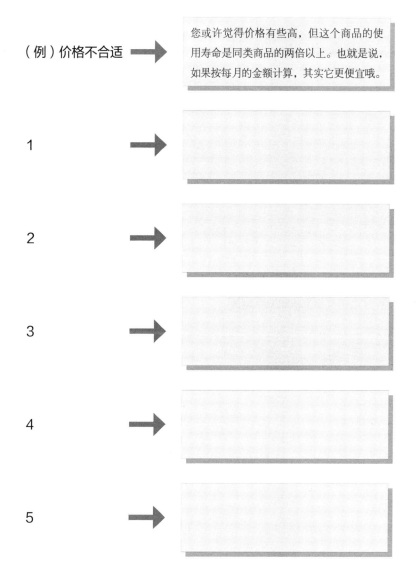

（例）价格不合适　➡　您或许觉得价格有些高，但这个商品的使用寿命是同类商品的两倍以上。也就是说，如果按每月的金额计算，其实它更便宜哦。

1　➡

2　➡

3　➡

4　➡

5　➡

四种心理障碍

请确认自己心里有多少心理障碍。

❶ 认为"卖东西＝坏事"。

你的想法　　　　重构

❾ 认为"商品＝为了卖出去的东西"。

你的想法　　　　重构

❸ 认为"遭到拒绝＝人格的否定"。

你的想法　　　　重构

❹ 认为"顾客＝敌人"。

你的想法　　　　重构

0	20	40	60	80	100

CLV 的测算

CLV1　=　平均毛利润（销售额 - 成本 - 维持客户成本）×　累计购买次数

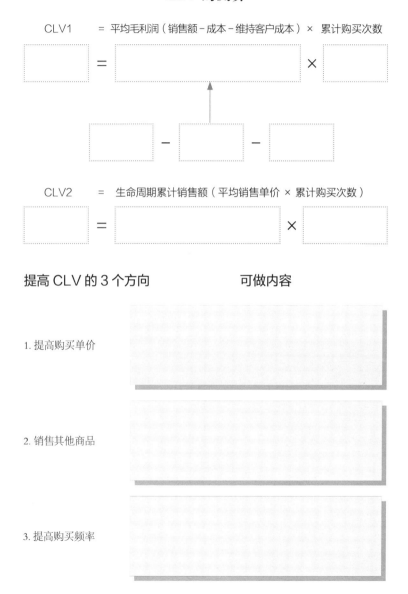

CLV2　=　生命周期累计销售额（平均销售单价 × 累计购买次数）

提高 CLV 的 3 个方向　　　　　　可做内容

1. 提高购买单价

2. 销售其他商品

3. 提高购买频率

设计存量客户的维护方法

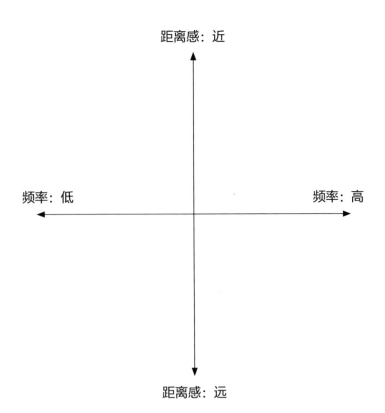

培养极致客户的 5 个步骤

① 产品力产生的满足感　　（请复习产品力的 29 个切口）

② 留在记忆里的惊喜

③ 增加接触次数（建立信赖）　　（请确认工作表 30）

④ 贵宾待遇（特别对待）

⑤ 大使制度

思考库存型商业模式

理解三张财务报表

理解作为客观了解本公司现状最基本手段的三张财务报表。

损益表	资产负债表	现金流量表
销售额	资产部分 ● 流动资产	经营活动产生的现金流
销售成本		
	● 固定资产	
销售利润总额		
	负债部分 ● 流动资产	投资活动产生的现金流
销售费用和一般管理费		
营业利润	● 固定资产	
		财务活动产生的现金流
营业外收入	资本部	
营业外费用		
经常利润		

社长的驾驶舱

请通过以下 12 个 "仪表" 来监控本公司的状况。

1. 现金存款余额

2. 毛利润

3. 应收账款

4. 顾客数量的增减

5. 营业利润

6. 现金流动表

7. 复购率

8. 人均毛利润

9. 人均现金存款

10. 分配前利润

11. 年累计销售额表

12. 自有资本比率

请至少选择 7 个 "仪表" 来组成 "社长的驾驶舱"。

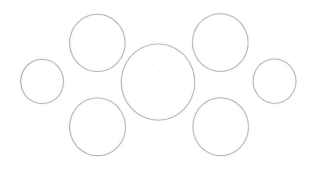

制作现金存款余额推移表

	银行名称	日期		
（例）	××银行	◯月◯日	◯月◯日	◯月◯日
		350万日元	280万日元	720万日元
1				
2				
3				
4				
5				
6				

增加现金的 11 种方法

请确认增加最重要的资产之一 ——现金的方法，并实际开展增加现金的行动。

尚未做到　　　　　已经做到

0	20	40	60	80	100

1. 提高销售额

6. 尽早提出要求

7. 收回货款

2. 降低成本

8. 延迟支付

3. 减少固定支出

9. 提前收款

4. 减少营业外支出

10. 借钱

5. 合理合法减少税额

11. 增加投资

社长的类型

想要找到互为补充的伙伴，首先需要确定自己的类型。请从以下
3个角度找出自己作为经营者的类型吧。

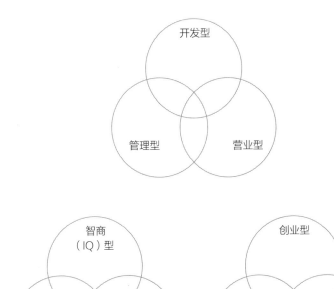

理想人才的 10 个特点

招聘优秀人才具有巨大的影响力。
请先明确"你想要什么样的人才""什么样的人才是必需的"。

1

2

3

4

5

6

7

8

9

10

培养：希望员工做到的 10 件事

培养的第一步可以简单一些。请先总结"希望员工做到的 10 件事"，把这些事布置给团队成员，让他们实行。

1

2

3

4

5

6

7

8

9

10

维护员工关系的机制

人不稳定，所以需要维护。
请确认以下 5 种维护方式，探讨谁需要做什么。

	确认	内容	责任人
1. 工作观的维护			
2. 动力的维护			
3. "报联商"的持续			
4. 压力管理			
5. 稀有体验的共享			

应该进行组织化的工作的分类

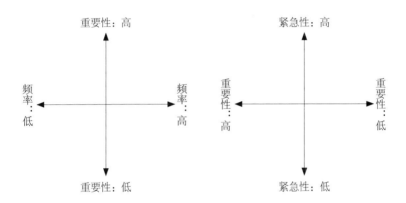

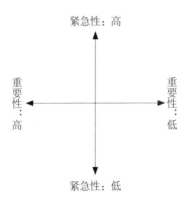

占用社长时间前三名的工作的组织化

请推测出占用社长时间前三名的工作，并逐一进行组织化。

1

2

3

1	2	3
1. 做什么	1. 做什么	1. 做什么
2. 谁去做	2. 谁去做	2. 谁去做
3. 什么时候做	3. 什么时候做	3. 什么时候做
4. 怎么做	4. 怎么做	4. 怎么做
5. 检查的方法	5. 检查的方法	5. 检查的方法

组织化工作的"组织化"

为了在团队整体推进组织化工作，请构建以下两种体系。

手册模板	评价体系
1. 做什么	1. 做什么
2. 谁去做	2. 谁去做
3. 什么时候做	3. 什么时候做
4. 怎么做	4. 怎么做
5. 检查的方法	5. 检查的方法

社长不在公司的日期的 **7 个阶段**

一步步地增加社长不在公司的天数。

	确认	应该构建的内容
1. 半天 / 周		
2. 一天 / 周		
3. 两周 / 年		
4. 一周 / 月		
5. 一个月 / 年		
6. 三天 / 周		
7. 几乎不在		

本公司的投资分析

请分条写出本公司使用最多投资的项目，确认这些投资是否合理。

使用○ / ▲ / × 确认

1 ....

2 ....

3 ....

4 ....

5 ....

例如：人工费、交通费、广告费等。

你建立了最有效果的投资吗?

通过 5 个方面确认是否建立了有效的投资。

① 自我投资

② 再投资

	确认	内容
(1) 开发投资		
(2) 广告投资		
(3) 教育投资		
(4) 设备投资		

风险最小化的 24 种补丁 A

1.100−1=? ⬚⬚⬚⬚⬚

7. 最可靠的资产 ⬚⬚⬚⬚⬚

2. 犯罪的诱惑 ⬚⬚⬚⬚⬚

8. 四种松散状态 ⬚⬚⬚⬚⬚

3. 连带担保人 ⬚⬚⬚⬚⬚

9. 表外资产 ⬚⬚⬚⬚⬚

4. 顾客分散 ⬚⬚⬚⬚⬚

10. 投诉的形成 ⬚⬚⬚⬚⬚

5. 低利润率 ⬚⬚⬚⬚⬚

11. 无理取闹的顾客 ⬚⬚⬚⬚⬚

6. 诱惑 ⬚⬚⬚⬚⬚

12. 撤退底线 ⬚⬚⬚⬚⬚

尚未做到			已经做到	
0 20 40		60 80 100		

风险最小化的 24 种补丁 B

13. 资本政策 ⬚⬚⬚⬚⬚   19. 数字 ⬚⬚⬚⬚⬚

14. 专家团队 ⬚⬚⬚⬚⬚   20. 发展的终点 ⬚⬚⬚⬚⬚

15. 税金的存在 ⬚⬚⬚⬚⬚   21. 顾客和公司的
接触点 ⬚⬚⬚⬚⬚

16. 明天的销售额 ⬚⬚⬚⬚⬚   22. 1 日元的重量 ⬚⬚⬚⬚⬚

17. 现金生意 ⬚⬚⬚⬚⬚   23. 真正的危险状态 ⬚⬚⬚⬚⬚

18. 自己公司的变化 ⬚⬚⬚⬚⬚   24. 风险的元凶 ⬚⬚⬚⬚⬚

尚未做到   已经做到

0	20	40	60	80	100

上架建议：管理 | 个人创业

ISBN 978-7-5236-0187-7

定价：69.00元